AF762575

www.ingramcontent.com/pod-product-compliance
Lightning Source LLC
LaVergne TN
LVHW010823051026
849532LV00007B/2604
9789369088928

اردو ادب و ثقافت : نئے رنگ

(تعمیر نیوز ویب پورٹل کے منتخب مضامین)

ادب و ثقافت (نئے رنگ) سیریز: 2

مرتب:

مکرم نیاز

© Taemeer Publications LLC

Urdu Adab o Saqafat : naye rang - Part-2

by: Mukarram Niyaz

Edition: September '2025

Publisher :

Taemeer Publications LLC (Michigan, USA / Hyderabad, India)

ISBN 978-93-6908-892-8

9 789369 088928

کتاب	:	**اردو ادب و ثقافت : نئے رنگ** (حصہ : ۲)
مرتب	:	**مکرم نیاز**
صنف	:	غیر افسانوی نثر
ناشر	:	تعمیر پبلی کیشنز (حیدرآباد، انڈیا)
سالِ اشاعت	:	۲۰۲۵ء
صفحات	:	۱۱۴
سرورق ڈیزائن	:	تعمیر ویب ڈیزائن

فہرست

پیش لفظ

ادب و ثقافت کا موضوعاتی سفر (نئے رنگ: ۲)

مکرم نیاز

مطالعہ کی تاریخ پر جب طائرانہ نظر ڈالی جائے تو معلوم ہو گا کہ اس کا سفر تین عظیم، تاریخی و ادب ساز ادوار سے عبارت ہے، جنہوں نے انسانی دل و دماغ کو مسحور کیا اور علم و حکمت کو فروغ دیا۔ سب سے پہلا دور وہ تھا، جب کاغذی صفحات، رسائل اور اخبارات علم و عرفان کے چراغ تھے، جو مدھم روشنی میں انسان کے رب کا راز افشا کرتے تھے۔ یہ زمانہ اپنی سادگی، اپنی اخلاقیات اور خلوص کی یادگار سمجھا گیا، مگر رفتہ رفتہ زمانہ تبدیل ہونے لگا۔

پھر وہ عہدِ طلوع ہوا، جب انٹرنیٹ کا جادو ہر زبان کے قاری پر سایہ فگن ہوا۔ اپنی برق رفتاری اور بے مثال وسعت کے ساتھ، علم و آگاہی کا یہ سمندر گویا ہر قاری کی انگلیوں کی زینت بن گیا۔ ایک کلک سے ایک نئی دنیا، ایک جھلک سے دوسری حقیقت، اور ایک لمحے کا کچھ حصہ، قارئین کو بے پناہ وسیع اور دلکش دنیاؤں کا مسافر بنا گیا۔ دراصل یہ ایسا انقلابِ عظیم تھا، جو علم و شعور سے لبریز اسبابِ زندگی بن گیا۔

تیسری اور سب سے زیادہ حیرت انگیز تبدیلی سوشل میڈیا کی شکل میں نمودار

ہوئی۔ ایک ایسی دنیا، جہاں فاصلے مٹ گئے، اور خیالات و احساسات کی سرائیں، عقل و شعور کے میدان آباد کرنے لگیں۔ ہر فرد، ادارہ، قوم، ایک دوسرے کے قریب، اور ایک دوسرے کے ہم نوا ہو گئے۔ یہ میدان عمل، تعلیم، اصلاح اور سماجی بیداری کے قافلے کا ایسا رہنما باور کیا گیا جو تاریکی کے خلاف علم نور بلند کرتا ہے۔

اسی فضا میں، ۲۰۱۲ء کے اواخر میں 'تعمیر نیوز' کے افق کو روشن کیا گیا، تاکہ اردو ادب و ثقافت کے اس بحرِ بے کنار کو ایک جہانِ تنقید و تصور میں تبدیل کیا جا سکے۔ تیرہ سال کے اس سفر نے یہ باور کرایا ہے کہ اردو زبان کا یگانہ لہجہ، اس کے بلند خیال اور اس کے پیغام، امتزاجِ علم و فن میں ہی زندہ رہ سکتے ہیں۔

اس کتاب میں 'تعمیر نیوز' سے اخذ کردہ ایسے مضامین کو شامل کرنے کی ممکنہ کوشش کی گئی ہے جو اردو ادب و ثقافت کے منفرد و متنوع موضوعات کا احاطہ کرتے ہوئے قاری کی مناسب علمی و سماجی رہنمائی کا فرض بھی انجام دے سکیں۔ یہ کتاب "**اردو ادب و ثقافت: نئے رنگ**" کے سلسلے کا دوسرا حصہ ہے۔

۲۵/ ستمبر ۲۰۲۵ء

حیدرآباد (تلنگانہ، انڈیا)

۱

ابن صفی اور ان کا جاسوسی سنسار

علی سفیان آفاقی

اب تو پڑھنے کا شوق بہت کم ہو گیا ہے خصوصاً نئی نسل میں لیکن ایک زمانے میں مطالعہ ہی اوّلین شوق اور مشغلہ تھا۔ ہمارے بچپن میں ہر محلے میں آنہ لائبریریاں ہوا کرتی تھیں جن میں ہر ذوق کے لوگوں کے لیے کتابیں ملا کرتیں تھیں۔ ہم بھی ان لائبریریوں کے شیدائی تھے۔ تاریخی اور جاسوسی ناول، افسانے، کہانیاں، شعر و شاعری کی کتابیں لے کر آتے تھے۔ گھر والے ہمارے شوق کے مخالف نہ تھے لیکن ایک خاص حد تک۔ یہ نہیں کہ ہر وقت ناول ہیں اور ہم ہیں۔

اس کا توڑ ہم نے یہ نکالا تھا کہ نصاب کی کتابوں کے درمیان میں ناول اور افسانے کی کتابیں رکھ کر چوری چوری پڑھا کرتے تھے۔ اگر کبھی پکڑے گئے تو شامت آ جاتی تھی۔ دراصل عمر کے ہر مرحلے میں مطالعے کا معیار بدلتا رہتا ہے۔ ہم نے بھی تیر تھ رام فیروز پوری کے تراجم، منشی صادق حسین سردھنوی کے اسلامی ناول، ایم۔ اسلم کے افسانوں سے آغاز کیا تھا۔ جاسوسی ناول بہت پسندیدہ تھے پھر اسلامی تاریخی ناول، اس کے بعد دوسرے ناول اور افسانے مرغوب رہے۔

نوعمری میں شاید ہی کوئی ایسا ہو جس نے ابن صفی کے ناول نہ پڑھے ہوں۔ ابن

صفی اپنے ساتھ ایک نیا انداز اور نئے کردار و اسلوب لے کر آئے تھے۔ نوجوان اور نوعمر لوگ ان کے دلدادہ تھے۔ ابن صفی کو جاسوسی ناول نگاروں میں وہی درجہ حاصل تھا جو اسلامی تاریخی ناولوں میں نسیم حجازی کو حاصل رہا۔ یہ لوگ تیر تھ رام فیروزی اور صادق سر دھنوی کے جانشین تھے اور نئے زمانے کے تقاضوں کو پورا کرنے کی پوری صلاحیت و اہلیت رکھتے تھے۔ کسی نے سچ ہی کہا تھا کہ اگر صاف ستھری نثر لکھنے کا شعور حاصل کرنا ہے تو ابن صفی کا مطالعہ کرنا چاہیئے۔

اللہ اللہ ابن صفی کے پڑھنے والوں کی دیوانگی اور شوق کا بھی کیا عالم تھا۔ بقول شاعر۔

یہ عالم شوق کا دیکھا نہ جائے

ہر نوجوان کے ہاتھ میں ابن صفی کے ناول نظر آتے تھے۔ انہوں نے انوکھے اور نت نئے کردار تخلیق کئے تھے۔ ایک نئی دنیا پڑھنے والوں سے متعارف کرائی تھی۔ انہیں اپنے انداز کے لکھنے والوں میں ایک ممتاز اور منفرد مقام حاصل تھا۔ انہوں نے ہلکے پھلکے ادب سے پڑھنے والوں کا تعارف کرایا اور ساتھ ہی نئے نئے دلچسپ اور منفرد کردار بھی تراشے جن کے شیدائیوں کی کمی نہ تھی۔ وہ وقت اور زمانے کے مطابق تحریروں کے خالق تھے۔ ان کا انداز ان ہی پر ختم ہو گیا لیکن اس زمانے کے مقبول لکھنے والوں میں ان کا مقام کوئی دوسرا حاصل نہ کر سکا اور نہ کر سکے گا۔

انہوں نے جاسوسی ادب میں بلکل نیا انداز پیش کیا تھا۔ وہ صاحب طرز ادیب بھی تھے اور شاعر بھی۔ ان کے قارئین کی تعداد لاکھوں کروڑوں میں تھی۔ آج ہیری پوٹر جیسے کرداروں کا چرچا ہے انکے زمانے میں عمران، کرنل فریدی، کیپٹن حمید کا چرچا تھا۔ یہ کردار بے انتہا مقبول اور پسندیدہ تھے۔ یہ سب انکے اپنے تخلیق کئے ہوئے دلچسپ،

زندگی سے بھرپور مہم جو کردار تھے جو ہنستے ہنساتے بھی تھے اور حیران بھی کر دیا کرتے تھے۔

عمران سیریز اپنی طرز کی ایک نئی سیریز تھی۔ جس کا شائقین ہر ماہ بے چینی سے انتظار کرتے تھے۔ ابن صفی نے ساری زندگی اپنی توجہ جاسوسی ناولوں پر مرکوز رکھی تھی۔ جاسوسی دنیا نے قیام پاکستان سے پہلے ہی بے پناہ مقبولیت حاصل کر لی تھی۔ فرق صرف یہ ہے کہ ہیری پوٹر کی مصنف نے کروڑوں ڈالرز کمائے۔ ابن صفی کے حصے میں لاکھوں روپے بھی نہ آئے۔

ہیری پوٹر کی خالق جے۔ کے۔ راؤلنگ پانچ ناول لکھ کر امیر ترین افراد کی فہرست میں شامل ہو گئیں۔ ابن صفی کے ناول بلیک میں فروخت ہوتے تھے۔ ان کے ناولوں کا بھی کئی زبانوں میں ترجمہ ہوا۔ نقال اور جعلی ابن صفی بھی پیدا ہو گئے جو کہ ان کی مقبولیت اور انفرادیت کا ثبوت ہے۔

سارجنٹ حمید، عمران، کرنل فریدی نے ایسی مقبولیت حاصل کی کہ باید و شاید۔ ان کے پہلے ناول نے ہی پڑھنے والوں کو چونکا دیا تھا۔ اور ان کی توجّہ اپنی جانب مرکوز کر لی تھی۔ لوگ انکے دیوانے تھے۔ انہوں نے کبھی یہ ظاہر نہیں ہونے دیا کہ ان کے کردار کس ملک اور کس جگہ سے تعلق رکھتے ہیں، مگر ان کی سحر انگیزی میں کوئی کمی نہیں آئی۔ پڑھنے والے انہیں حقیقی کردار اور حقیقی دیا سمجھتے تھے۔ کون تھا جس نے نوعمری اور زمانہ طالب علمی میں ان کا مطالعہ نہ کیا ہو؟ ان کا ہر کردار مختلف اور منفرد تھا۔ وہ حیران بھی کرتا تھا اور ہنساتا بھی تھا۔ انکی ہر سیریز کے کردار مختلف اور انوکھے تھے۔ ان کی عادات و اطوار بھی یکسر مختلف اور نرالے تھے۔ اردو کے جاسوسی ادب میں کوئی دوسرا ان کا ثانی اور حریف پیدا نہ ہوا۔

چالیس کی دہائی سے ستر اور اسی کی دہائی تک انہیں جو ممتاز مقام اور حیثیت حاصل تھی وہ کسی دوسرے کو نصیب نہ ہوئی۔ ادیب، نقاد اور بڑے بڑے نامور لکھنے والے بھی ان کے قائل اور قاری تھے۔ ان کا کمال یہ تھا کہ وہ ہر ماہ جاسوسی دنیا اور عمران سیریز کے دو ناول لکھتے تھے۔ پڑھنے والے ان کے منتظر رہا کرتے تھے۔ اور ہاتھوں ہاتھ گرما گرم کیک کی طرح وہ فروخت ہو جاتے تھے۔ سلسلہ سالہا سال تک جاری رہا۔ نہ ابن صفی کی تخلیقی صلاحیتوں میں کمی آئی نہ انکے پڑھنے والوں اور ان کے ذوق و شوق میں۔ وہ ساری عمر ادبی مشقت کرتے رہے مگر حق تو یہ ہے کہ اس کے عشرِ عشیر بھی نہ کمایا۔

ابن صفی کا اصلی نام اسرار احمد تھا۔ ان کا تعلق ایک ممتاز ادبی گھرانے سے تھا۔ ان کا خاندان نارا کے راجا ویشر ادیال سے تعلق رکھتا تھا۔ یہ لوگ بعد میں "ناروی" کے نام سے معروف ہوئے۔ ابن صفی کے والد کا نام صفی اللہ اور والدہ کا نام نذیرہ بی بی تھا۔ ان کے والد ایک جاگیر دار گھرانے سے تعلق رکھتے تھے۔ ان کے دادا تقسیم ہند سے قبل ایک اسکول ٹیچر تھے۔ والدہ کا خاندان حکیموں کا خاندان کہلاتا تھا جن کی کتابیں آج بھی طبّی مدرسوں میں پڑھائی جاتی ہیں۔

ابن صفی ۲۶ جولائی ۱۹۲۸ء کو آلہ آباد کے ایک گاؤں "نارا" میں پیدا ہوئے اور ۲۶ جولائی ۱۹۸۰ء کو کراچی میں انتقال کر گئے۔ وہ بچپن ہی سے لکھنے لکھانے کا شوق رکھتے تھے۔ وہ ساتویں جماعت میں تھے جب ان کی پہلی کہانی شائع ہوئی تھی۔ انہوں نے الہ آباد یونیورسٹی سے انٹر اور آگرہ یونیورسٹی سے بی۔ اے کیا تھا۔ نارا سے ان کا خاندان الہ آباد منتقل ہو گیا تھا۔ دلچسپ بات یہ ہے کہ انہوں نے اپنی عملی زنگی کا آغاز ایک اسکول ٹیچر کی حثیت سے کیا تھا مگر پھر ناول نگاری کی طرف متوجّہ ہو گئے۔ انہوں نے ڈھائی سو سے زائد ناول تحریر کیے جن کا ہندوستان کی بہت سی زبانوں میں کیا گیا تھا۔ ابن صفی نے

اردو کے جاسوسی ناولوں میں ایک نیا اسلوب اپنایا تھا۔ جو اس سے پہلے اردو میں کبھی کسی نے نہیں اپنایا۔

ابن صفی کو بچپن ہی سے ادب اور شعر و شاعری سے دلچسپی تھی۔ لکھنے لکھانے کا سلسلہ بھی نوعمری میں ہی شروع کیا تھا۔ اس زمانے میں بھی اردو میں جاسوسی ناولوں کا رواج نہ ہونے کے برابر تھا۔ انگریزی ناولوں کا ترجمہ یا تلخیص ہی شائع ہوتی تھی جو ایک خاص طبقے میں بے حد پسند کی جاتی تھی۔ ابن صفی کا خیال یہ تھا کہ اردو میں بھی ہلکا پھلکا شگفتہ ادب تخلیق کیا جاسکتا ہے۔ اس نظریے کو ثابت کرنے کے لیے انہوں نے الہ آباد میں "جاسوسی دنیا" کے نام سے ناولوں کا ایک سلسلہ شروع کیا جس میں انہوں نے انسپکٹر فریدی اور سارجنٹ حمید کے کردار پہلی بار قطعی انوکھے اور شگفتہ انداز میں پیش کیے۔ ان کا پہلی جاسوسی ناول "دلیر مجرم" تھا۔ یہ اردو ادب میں ایک نئے تخلیق کار کا پہلا قدم تھا جس نے اس صنف میں نت نئے تجربے کیے، نئ زمین اور نئے کردار تخلیق کیے، انوکھے اور دلچسپ واقعات کے تانے بانے بن کر پڑھنے والوں کو مسحور کر دیا۔

ابن صفی اور ان کے ہم مذاق دوستوں نے الہ آباد میں ایک ادبی رسالہ "نکہت" کی اشاعت کا آغاز بھی کیا تھا۔ یہ رسالہ بے حد پسند کیا گیا۔ اس طرح ابن صفی نے کامیابیوں اور کامرانیوں کے ساتھ اردو ادب میں قدم رکھا اور پھر دیکھتے ہی دیکھتے اپنا لوہا منوالیا۔ ایک زمانہ ان کا گرویدہ ہوگیا۔ ہلکے پھلکے ادب میں انہیں ایک ممتاز مقام حاصل ہوگیا۔ ابن صفی نے آغاز میں اسرار احمد کے نام سے لکھا پھر اسرار ناروی کا قلمی نام اختیار کیا۔ انہوں نے فکاہیہ مضامین کا ایک سلسلہ شروع کیا۔ ان کے کردار بھرپور اور مزاحیہ ہوتے تھے۔ سنکی سپاہی اور تغرل خان کے کردار ان کی ابتدائی تخلیق ہیں۔

ان کے ناولوں کے سلسلے "جاسوسی دنیا" نے قیام پاکستان سے قبل ہی مقبولیت

حاصل کرلی تھی۔ پاکستان آنے کے بعد انہوں نے ایک نیا سلسلہ "عمران سیریز" کے نام سے شروع کر دیا جس کا مرکزی کردار عمران تھا۔ عمران نے ابن صفی کے کرداروں میں غالباً سب سے زیادہ مقبولیت حاصل کی۔ دوسرے کردار بھی کافی مقبول ہوئے۔

نو عمر، نوجوان، بوڑھے، خواتین، سبھی ان ناولوں اور کرداروں کے سحر میں گرفتار ہو گئے۔ اردو ادب میں ابن صفی کے ناولوں اور کرداروں سے زیادہ کسی کو ایسی شہرت اور مقبولیت حاصل نہیں ہوئی۔ یہ نام ضرب المثل کی حثیت اختیار کر گئے تھے۔ ان کی مقبولیت اور مانگ نے کئی جعل ساز بھی پیدا کر دئے جو ابن صفی کے نام سے ناول شائع کر کے پیسہ کمایا کرتے تھے۔

ابن صفی ایک زرخیز ذہن کے مالک تھے۔ ان کے ناولوں اور کرداروں میں ہمیشہ کرئی انوکھی اور چونکا دینے والی بات نظر آتی تھی۔ ہر ماہ دو ناول لکھنا کوئی مذاق نہیں ہے۔ دنیا میں اس کی کوئی دوسری مثال موجود نہیں ہے۔ ابن صفی کے ناولوں کی اشاعت میں کبھی تاخیر ہوئی نہ ہی ناغہ۔ یہ بھی ایک ریکارڈ سمجھ لیجئے۔

ابن صفی کے پاکستان آنے سے پہلے حکومت نے انہیں ترقی پسند قرار دے کے ان کی گرفتاری کے وارنٹ جاری کر دیے تھے حالانکہ ابن صفی کبھی سکہ بند ترقی پسند ادیب نہیں رہے۔

پاکستان آنے کے بعد انہوں نے پہلے لیاقت آباد اور پھر فردوس کالونی میں اپنا ٹھکانہ بنایا۔ اسی گھر میں ان کا دفتر بھی تھا۔ اپنے تمام جاسوسی ناول انہوں نے اپنے گھر کے اندر بیٹھ کر ہی تحریر کئے تھے۔ انہوں نے اسرار پبلیکیشنز کے نام سے ایک اشاعتی ادارہ بھی قائم کیا تھا۔ اس ادارے کے واحد مصنف اور روح رواں وہ خود تھے۔ "عمران سیریز" اور "جاسوسی دنیا" اس ادارے ہی کی تخلیقات تھیں۔ ابن صفی کی شادی ۱۹۵۲ء میں ہوئی

تھی ان کی بیگم کا نام سلمیٰ خاتون تھا۔

ہر ماہ باقاعدگی اور تسلسل کے ساتھ دو ناول لکھنا کوئی آسان کام نہ تھا لیکن ابن صفی نے بہت پابندی سے اس کو نبھایا یہاں تک کی وہ بیمار پڑ گئے۔ ان کی صحت بہت خراب ہو گئی تھی لیکن ایک حکیم اقبال حسین کے علاج سے وہ صحت یاب ہو گئے اور اردو کے اس منفرد ناول نگار کو اللہ نے ایک نئی زندگی دے دی۔ بیماری سے صحت یاب ہونے کے کچھ عرصے بعد وہی ابن صفی تھے اور وہی ان کے مہینے میں دو ناول۔ ابن صفی کو قدرت نے فطری طور پر ایسا ذہن دیا تھا جس کا رحجان سائنسی تجربات اور پراسرار واقعات کی جانب تھا۔ وہ ایک قدرتی حس رکھتے تھے۔ ان کی اس صلاحیت سے متاثر ہو کر ایک خفیہ ادارے کے لئے بھی ان کی خدمات حاصل کی گئیں جہاں وہ نوجوانوں کو جاسوسی کے طریقوں کے بارے میں لیکچر دیا کرتے تھے۔ اس کے ساتھ ہی ان کی ناول نگاری کا سلسلہ بھی جاری رہا۔

ابن صفی کے ناولوں کی اپج اور مقبولیت سے متاثر ہو کر کراچی میں مولانا ہپی نامی ایک فلم ساز نے عمران سیریز کے ایک ناول پر مبنی فلم بھی بنائی تھی جس میں جاوید شیخ اور شبنم نے مرکزی کردار ادا کیے تھے۔ فلمساز کا اصل نام محمد حسین تالپور تھا لیکن مولانا ہپی کے نام سے مشہور تھے۔ یہ جاوید شیخ کی پہلی فلم تھی۔ کہانی کے ساتھ انصاف نہ ہونے اور ناقص تکنیکی کمزوریوں کے باعث یہ فلم جس کا نام "دھماکا" رکھا گیا تھا بری طرح فلاپ ہو گئی۔ جاوید شیخ نے ٹی وی ڈراموں میں بہت کامیابی حاصل کی اور بلآخر نذر شباب کی فلم "کبھی الوداع نہ کہنا" میں جب دوبارہ شبنم اور سری لنکا کی اداکارہ سبیتا کے ساتھ پیش کئے گئے تو صحیح معنوں میں ان کا دوسرا فلمی جنم تھا۔ یہ فلم سپر ہٹ ثابت ہوئی جس نے جاوید شیخ کو راتوں رات اسٹار بنا دیا۔ ابن صفی کے ایک ناول کو پاکستان ٹیلی ویژن نے بھی بنایا تھا

لیکن یہ سیریل نمائش کے لیے پیش نہیں کی جا سکی۔ قوی نے اس سریل میں عمران کا کردار ادا کیا تھا۔

ابن صفی ساری زنگی قلمی مشقت کرتے رہے تھے۔ ۱۹۷۹ء میں وہ کینسر میں مبتلا ہو گئے اور ایک سال بعد انتقال کر گئے۔ بیماری کے دنوں میں بھی وہ ناول لکھتے رہے۔ ان کا آخری ناول " آخری آدمی " تھا۔ آخری ناول کا یہ نام محض اتفاق تھا یا انہوں نے جان بوجھ کرر کھا تھا؟ اس بارے میں شاید کوئی نہیں جانتا۔

۱۹۸۰ء میں البیلا، ذہین اور اپنی طرز کا انوکھا ناول نگار اللہ کو پیارا ہو گیا۔ چند سال تک ان سے ناولوں کو بہت مقبولیت اور پذیرائی حاصل رہی لیکن پھر زمانے کے دستور کے مطابق زمانے کے بدلتے ہوئے تقاضوں اور رجحانات کے باعث رفتہ رفتہ ابن صفی کے ناولوں کی مانگ اور دلکشی میں کمی واقع ہونے لگی۔ اب تو نئی نسل ان کے نام سے بھی واقف نہیں ہے۔ مطالعے کے شوق میں کمی اور ٹی وی کمپیوٹر اور دوسری جدید ایجادات کی جانب رجحان بھی اس کا ایک سبب قرار دیا جا سکتا ہے۔ سچ تو یہ ہے کہ ابن صفی کو ان کی شان شایان مرتبہ نہ ملا۔ نہ ہی اس مشقت کا معقول معاوضہ حاصل ہوا۔

ابن صفی کے ناولوں میں پر اسراریت اور جاسوسی کے عناصر کے ساتھ ساتھ انسانی نفسیات سے بھی مدد لی جاتی تھی۔ انہوں نے بعض ایسے واقعات اور ایجادات کا بھی ذکر کیا ہے جو کہ اس زمانے میں ناپید اور خواب خیال تھے۔ دہشت گردوں کے گروہ جو انہوں نے اپنے ناولوں میں پیش کیے تھے آنے والے زمانے میں حقیقت بن گئے۔

انہیں انوکھے کردار تخلیق کرنے میں بھی ملکہ حاصل تھا۔ ویسے کردار نہ تو اس سے پہلے کسی نے پیش کیے اور نہ ہی بعد میں ناولوں میں نظر آئے۔ ان کے ناول ہلکے پھلکے، شوخ و شنگ واقعات، پر اسرار پیچیدگیوں اور انوکھے کرداروں سے آرستہ ہوتے اور اپنی

مخصوص عادات اور خوبیوں یا خامیوں کے باعث فوراً مقبول اور معروف ہو جاتے تھے۔ ان کے ناولوں میں ایک نئی اور انجانی دنیا اور عام انسانوں سے مختلف کردار نظر آتے تھے۔ ادب کے نک چڑھے ٹھیکے داروں اور نقادوں نے ابن صفی کو کبھی کوئی اہمیت نہیں دی حالانکہ وہ اردو ادب میں ایک نیا اور چونکا دینے والا اضافہ تھے مگر ہم نہ ہی کسی فنکار اور تخلیق ساز کی قدر کرتے ہیں اور نہ انہیں سر آنکھوں پر بٹھاتے۔

انہیں کڑی محنت کا معقول صلہ بھی نہ مل سکا لیکن جو قبولِ عام حاصل ہوا وہی ان کا سرمایہ ہے۔ یہ سرمایہ انہیں زندگی میں بھی حاصل رہا اور وفات کے بعد بھی کوئی اس کو چھین نہ سکا۔ ابن صفی (اسرار احمد) شاید اپنے نام کے اثر کے تحت پر اسرار اور جاسوسی ذہن اور سوچ کے حامل تھے اسی لیے اس ذریعے سے انہوں نے شہرت اور عزت حاصل کی۔ جو لوگ کہتے ہیں کہ "ناموں میں کیا رکھا ہے" شاید غلط کہتے ہیں۔ ہم نے ایسے بہت سے لوگوں کو دیکھا ہے جو اسم با مسمیٰ تھے۔ اپنے ناموں کی مناسبت سے انہوں نے بڑے بڑے کام کیے اور نمایاں حیثیت حاصل کی۔ یقین نہ ہو تو اسرار احمد ہی کو دیکھ لیجئے۔ کئی بار خیال آتا ہے کہ اگر وہ کسی ترقی یافتہ ملک میں پیدا ہوتے اور وہاں رہتے تو کیا ہوتے؟ بہت بڑا نام !! کروڑوں میں کھیلتے۔ ان کا نام ہمیشہ کے لیے کتابوں اور لائبریریوں میں زندہ رہتا لیکن پاکستان جیسے ملک میں رہ کر بھی انہوں نے غیر یقینی حد تک کامیابی، شہرت اور دولت حاصل کی۔ یہی بات کیا کم ہے کہی وہ ساری زنگی صرف قلم کے سہارے ہی زندہ رہے۔ یہ اور بات ہے کہ انہوں نے اس کے لیے شب و روز محنت کی۔ محض قلم کے سہارے زندگی گزارنے والے اگر سفید پوشی کا بھرم بھی قائم رکھ لیں تو یہی بہت بڑی بات ہے۔

سعادت حسن منٹو کی مثال دیکھ لیجئے۔ انہوں نے اتنا لکھا جتنا ایک عام ادیب پڑھتا

بھی نہ ہو گا۔ وہ اردو ادب کے منفرد افسانہ نگار اور لاثانی شخصیت تصور کیے جاتے ہیں مگر وہ کس طرح جیے، عرصہ حیات قائم رکھنے کے لیے انہیں کیا کچھ کرنا پڑا۔ کتنے دکھ سہنے پڑھے۔ کتنے صدمے اٹھانے پڑے۔ یہ کون نہیں جانتا؟

ابن صفی اور سعادت حسن منٹو کا آپس میں موازنہ نہیں کیا جاسکتا لیکن قلم کی مزدوری اور مشقت کی حد تک وہ کتنے یکساں تھے؟ اس غم بھری داستان کو نہ چھیڑنا ہی بہتر ہو گا۔

ماخوذ از: ماہنامہ 'سرگزشت' (پاکستان)، اپریل ۲۰۰۴

Ibn-e-Safi's detective world. Essay: Ali Sufyaan Afaqi

***

۲

ممتاز شیریں سے ایک ملاقات

میرزا ادیب

آپ کسی شخص سے پہلی بار ملتے ہیں تو آپ کو احساس ہوتا ہے کہ یہ ہستی جو اس وقت آپ کے سامنے بیٹھی ہے اس ہیولے سے مختلف نہیں جو آپ نے اس کے بارے میں سوچا تھا وہ ہستی آپ کے تصورات کے سانچے میں اس طرح ڈھل جاتی ہے کہ آپ سوچنے لگتے ہیں کہ یہ سانچہ بالکل اس ہستی کے مطابق بنایا گیا تھا۔ اس قسم کی شخصیت سے مل کر آپ کو کوئی حیرت نہیں ہوتی۔ کوئی اچنبھا نہیں ہوتا، مگر کبھی کبھی یوں بھی ہوتا ہے کہ آپ ایسے شخص سے ملاقات کر بیٹھتے ہیں جسے سمیٹنے کے لئے آپ کے تصورات کا سانچہ قطعاً غیر موزوں ہوتا ہے اور ایسے موقع پر آپ کو یقیناً حیرت ہوتی ہے اس حیرت کا خوشگوار یا ناخوشگوار ہونا اس بات پر منحصر ہے کہ یہ شخص آپ کے تصورات سے مختلف ہو کر بھی ایک دلچسپ شخصیت ہے یا نہیں یا اس میں تمام انسانی خوبیاں کس حد تک موجود ہیں اور میں نے جس شخصیت سے ملاقات کی تھی اس کا تعلق دوسرے زمرے سے ہے یعنی ممتاز شیریں میرے خیالات اور توقعات کے بالکل برعکس ثابت ہوئیں تاہم مجھے ان سے مل کر وہ مسرت ہوئی جس کا اظہار الفاظ کے ذریعے ممکن نہیں۔

ممتاز شیریں جس وقت دنیائے ادب میں داخل ہوئیں تو ان کی حیثیت افسانوں کے

ایک سخت گیر نقاد کی تھی۔ ان کے مضامین پڑھے تو پتہ چلا کہ یہ خاتون اردو کے افسانے تو رہے ایک طرف انگریزی، روسی اور فرانسیسی افسانوی ادب کا بھی بالاستیعاب مطالعہ کر چکی ہیں۔ ان کے مضامین میں قدم قدم پر غیر ملکی افسانوں اور ناولوں کے حوالے مل جاتے تھے کسی کردار کا تجزیہ کرتی تھیں تو اس تجزیاتی مطالعے میں کئی ایسے کرداروں کا ذکر بھی چل نکلتا تھا جن سے ان کے بیشتر قاری غیر متعارف ہوتے تھے۔

ان کا مقالہ "تکنیک کا تنوع" سویرا میں چھپا تو ہر طرف اس کی دھوم مچ گئی۔ یہ مقالہ ایک ایسے ذہن کی پیداوار معلوم ہوتا تھا جس نے برسوں افسانے کی متنوع تکنیک سمجھنے کی کوشش کی اور دنیا کے نامور افسانہ نگاروں کے مشہور افسانوں کو غور و فکر کی گرفت میں لے چکا ہے۔

یہ مضمون اور ان کے دوسرے مضامین پڑھ کر میں نے ان کے بارے میں ایک خاص تصویر بنالی تھی اس کے بعد ان کے افسانے چھپنے لگے معلوم ہوا کہ وہ جتنی اچھی نقاد ہیں اسی قدر ماہر فن افسانہ نگار بھی ہیں۔ اپنی افسانوی تحقیقات میں وہ زندگی کی ہر حقیقت کو، وہ کتنی بھی تلخ اور مکروہ کیوں نہ ہو، اس کی پوری جزیات کے ساتھ پیش کر دیتی تھیں۔ جنسی موضوعات کے سلسلے میں ان کا قلم خاص طور پر بڑا بے باک تھا۔ سعادت حسن منٹو ان کا پسندیدہ افسانہ نگار تھا۔ اس سے بھی ان کے تخلیقی رجحان طبع کا اندازہ ہو جاتا ہے۔ ان کے مضامین پڑھ کر میں نے جو تصویر بنائی تھی۔ اب ان کے افسانے پڑھ کر اس کے خدو خال خصوصی طور پر تیکھے ہوگئے۔ یہ تصویر مجموعی لحاظ سے بڑی شوخ تھی اور میں جب ان سے ملا تو میرے ذہن میں اسی تصویر کے شوخ اور تیز رنگ چمک رہے تھے۔

مگر ان سے ملنے سے پہلے ایک اور حادثہ بھی رونما ہو چکا تھا۔ میں نے ان کی تصویر دیکھ لی تھی کسی ادبی رسالے میں، تصویر دیکھ کر میں کچھ مرعوب ہو گیا بلکہ یوں کہنا چاہئے

کہ مسحور ہو گیا۔

ادبی رسالوں میں خواتین کی تصویر چھپتی ہی رہتی ہیں لیکن میرا خیال ہے کہ اب تک صرف تین چار خواتین اہل قلم کی تصویروں نے دیکھنے والوں کو اور پڑھنے والوں کو متاثر کیا ہے۔ ان میں سے ایک خاتون تو ہیں قرۃ العین حیدر اور دوسری ممتاز شیریں۔

تو میں کہہ رہا تھا کہ ممتاز شیریں سے ملاقات اس وقت ہوئی جب میرے خیالوں میں ان کی ایک خاص تصویر تشکیل پذیر ہو چکی تھی۔

ادب لطیف کا سالنامہ شائع ہونیوالا تھا۔ میں ابن انشا کو خط لکھا کہ کراچی کے ادیبوں اور شاعروں کی چیزیں مجھے لے کر بھجوائیں کہ یہ کام وہ پہلے بھی کرتے رہے ہیں جواب میں انہوں نے فرمایا برادرم یوں بات نہیں بنے گی۔ اگر پاؤں کی مہندی سوکھ چکی ہو تو خود تشریف لایئے۔ جن سے چیزیں لینے کا نیک ارادہ ہے ان کی خدمت میں حاضر ہو کر تسلیمات بجالائیں اور میں تسلیمات بجالانے کے لئے کراچی پہنچ گیا۔

کراچی ہر طرف پھیلا ہوا شہر اور میں ایک اجنبی۔ انشا جی نے اتنی مہربانی کی کہ کچھ ادیبوں کی خدمت میں حاضر ہوا تو انہوں نے میرے ساتھ چلنے کی زحمت گوارہ فرمالی، کچھ ادیبوں کے پتے بتادیئے جن لوگوں کے ٹیلی فون تھے انہیں اطلاع دے دی کہ لاہور سے ایک مدیر آیا ہے اور آپ کے دیدار کا شائق ہے۔

ادیبوں سے ملاقات کا مرحلہ ہر چند کٹھن تھا مگر طے ہو گیا کچھ زیادہ دقت پیش نہ آئی، کسی ادیب نے اپنی چیز عنایت فرمادی اور کسی نے محض وعدے پر ٹرخا دیا۔ اچانک خیال آیا کہ ممتاز شیریں کے یہاں تو حاضری ہی نہیں دی۔ انشا جی سے کہا۔

"آپ کو ممتاز شیریں یاد نہیں۔"

جواب ملا۔ یہ کام آپ کا ہے میرا نہیں۔

عرض کیا: چلئے آج!

کہا گیا، میں نہیں جا سکتا آج اسمبلی میں بڑا کام ہے۔

اس زمانے میں انشاجی اسمبلی میں مترجم کے فرائض ادا کرتے تھے۔ کافی مشکل پیش آتی میں عورتوں سے ملنے میں شرمیلا تو کبھی نہیں تھا لیکن ممتاز شیریں سے ملنے میں بڑی جھجک محسوس ہوتی تھی، ان کے مقالے ان کے افسانے اور ان کی تصویر، دماغ ایک الجھن میں مبتلا ہو گیا۔

یاد آیا کراچی میں اسد اللہ بھی تو رہتے ہیں اس معاملے میں ان سے استمداد کی جا سکتی ہے۔ اسد اللہ حیدر آباد دکن سے آئے تھے اور ادب سے انہیں خاص دلچسپی تھی، منٹو کے قریبی دوست تھے، منٹو کے انتقال کے بعد انہوں نے منٹو کے بارے میں ایک کتاب بھی لکھی تھی۔ اس زمانے میں وہ کراچی کے کسی ہوسٹل میں رہتے تھے۔ قریب قریب روز ان سے ملاقات ہو جاتی تھی دوسرے دن وہ ملے تو میں نے عرض کیا۔

"اسد اللہ صاحب، کیا آپ مجھ پر احساس کرتے ہوئے ممتاز شیریں سے مضمون یا افسانے لے آئیں گے"

"آپ خود کیوں نہیں جاتے ان کے پاس،" انہوں نے استفسار کیا۔

"میری طبیعت ذرا خراب ہو گئی ہے، آپ تکلیف کر لیں۔"

"آپ کی طبیعت ٹھیک ہو جائے گی ان سے مل کر" اسد اللہ نے کہا۔ میں نے ان کی آنکھوں اور ہونٹوں پر مسکراہٹ ڈھونڈنے کی کوشش کی مگر وہ تو بڑی سنجیدگی سے یہ الفاظ کہہ رہے تھے۔ میرے اصرار کا اسد اللہ پر کوئی اثر نہ ہوا آخر یہ طے ہوا کہ دوسرے دن میں اسد اللہ کے ساتھ جاؤں گا اور ممتاز شیریں سے ملاقات کروں گا۔

ابھی آٹھ ہی بجے ہوں گے کہ اسد اللہ نے انشاجی کے دروازے پر دستک دی۔

یہ آپ ہی کا کوئی دوست ہے میرا کوئی ملنے والا اس طرح دروازے پر دستک نہیں دیا کرتا۔ انشاجی نے بالوں میں کنگھی پھیرتے ہوئے کہا۔ باہر نکلا تو اسد اللہ کھڑے تھے۔

"چلئے!"

"کہاں!" میں نے پوچھا۔

اسد اللہ نے حیرت سے میری طرف دیکھا۔

"ممتاز شیریں کے ہاں چلوگے نہیں؟"

چلنا پڑا، ان سے بھلا کیا عذر کر سکتا تھا۔

راستے میں بہت کم باتیں ہوئیں۔ میں نے پوچھا۔ "ممتاز شیریں سے آپ کی ملاقات ہوئی ہے پہلے؟"

"کئی بار۔"

"کیسی ہیں؟ میرا مطلب ملنسار ہیں نا۔"

"آپ دیکھ لیں گے کیسی ہیں۔ تھوڑی دیر بعد ان کے یہاں پہنچ جائیں گے۔

کچھ اور پوچھنا بے کار تھا۔ ممتاز شیریں کے مکان کے نیچے پہنچ گئے، اندیشہ ہائے دور دراز سے میری عجیب کیفیت ہوگئی تھی ۔ ممتاز شیریں کا خاندان اس بلڈنگ کی دوسری منزل پر رہتا تھا ہم اوپر آ گئے، نوکرانی نے ہمیں ایک کمرے میں بٹھا دیا۔ عام سا کمرہ تھا کسی جگہ بھی پر تکلف فرنیچر نظر نہیں آتا تھا۔ سات آٹھ منٹ گزر گئے میں نے قریبی بک شیلف سے کوئی کتاب نکالی اور اس کی ورق گردانی کرنے لگ گیا۔

اچانک اسد اللہ کھڑے ہوگئے اور ساتھ ہی ان کی انگلیوں کا دباؤ میری گردن پر پڑا۔ میں بھی اٹھ گیا۔

"یہ جی میرزا ادیب ہیں۔"

"ادب لطیف کے ایڈیٹر صاحب۔"

یہ دو فقرے میرے کانوں نے سنے اور دماغ کی یہ حالت جیسے کچھ سوچ ہی نہیں سکتا۔ آنکھوں پر اعتبار نہیں آرہا تھا۔

"آپ خیریت سے ہیں؟" کمرے میں آنے والی پست قد خاتون نے مجھے مخاطب کر کے کہا۔

معلوم نہیں میں نے اس کا کیا جواب دیا۔

"کب کراچی آئے۔"

اس کا جواب اسد اللہ نے دیا۔ شاید محترمہ کے پہلے سوال کے جواب میں میں نے بے خیالی کا اظہار کیا تھا۔

"تشریف رکھئے۔" اور ہم نے تشریف رکھ دی۔

اسد اللہ میری طرف سے مضمون کی درخواست پیش کرنے لگے اور میں نے محترمہ کو بڑے غور سے دیکھا۔

" یہ ممتاز شیریں ہیں۔"

دل نہیں مانتا تھا۔ میں نے ان کی جو تصویر بنائی تھی اس کا اس ممتاز شیریں سے دور کا بھی تعلق واسطہ نہیں تھا، وہ وسیع المطالعہ نقاد ممتاز شیریں مقالے اور افسانے لکھنے والی ممتاز شیریں۔۔وہ تصویر والی ممتاز شیریں جس کے بادلوں میں گلاب مہکتا رہتا ہے۔ وہ کون ہے۔ اور یہ بالکل عام سی عورت۔۔۔ بالکل گھریلو عورت جس کے بالوں میں کوئی گلاب نہیں ہے۔ جس کے چہرے پر سادگی برس رہی ہے، جس کی گفتگو میں شوخی نام کو نہیں۔ کون ہے! کیا ممتاز شیریں کے دو روپ ہیں، ایک ادبی روپ اور ایک یہ گھریلو روپ۔ دونون میں بڑا فرق ہے، اس ممتاز شیریں کو دیکھ کر اس ممتاز شیریں کا تصور ہی

نہیں ہو سکتا۔ وہ ممتاز شیریں اور ہے اور یہ کوئی اور۔ لیکن میں تو اس ممتاز شیریں کے ہاں آیا ہوں جو ایک اعلیٰ درجے کی نقاد ہے۔ جس نے بڑے جامع اور فاضلانہ مقالات لکھے ہیں جو بڑے خوبصورت افسانوں کی مصنفہ ہیں۔

یہ ممتاز شیریں تو میرے تصورات، میرے خیالات سے بالکل مختلف ہے، اس ممتاز شیریں سے تو میں مرعوب تھا، مسحور تھا اور یہ ممتاز شیریں تو ایسی خاتون معلوم ہوتی ہیں جو گھر میں ہانڈی روٹی پکاتی ہے، نوکروں سے سودا سلف منگواتی ہے، دھوبی کو کپڑے دیتے وقت ایک ایک کپڑا نوٹ کرتی ہے اور جب کپڑے دھل کر آتے ہیں تو ایک ایک کپڑے کا جائزہ لیتی ہے جو خود گھر کی صفائی کرتی ہے اور جو کہتی ہے:

"معاف کیجئے میں صفائی کر رہی تھی، آپ کو انتظار کرنا پڑا۔"

انہوں نے مجھ سے مخاطب ہو کر کہا۔ میں اپنی ادھیڑ بن میں مصروف تھا اور انہوں نے اندازہ لگا لیا تھا کہ میں کچھ پریشان ہوں۔

"جی نہیں۔۔۔۔۔ کوئی بات نہیں۔" میں نے کہا۔

میں نے دیکھا ان کے بال بکھرے ہوئے تھے، چہرہ بھی میلا میلا دکھائی دے رہا تھا، رک رک کر بات کرتی تھیں یقیناً دھیان ابھی صفائی ہی میں تھا۔

کراچی میں جہاں کہیں بھی گیا التزاماً پوچھا گیا، کیا پئیں گے، چائے آئی تو استفسار کیا گیا کتنے چمچے مگر یہاں خاتونِ خانہ نے ایسا کوئی تکلف روا نہ رکھا نوکرانی چائے کی ٹرے لے کر آئی تو وہ ایک لمحہ توقف کئے بغیر چائے بنانے لگیں۔

میں نے دیکھا کہ وہ ایک بات کہتی ہیں اور پھر نظریں جھکا لیتی ہیں۔

ارشاد ہوا "ہماری بھابھی کیسی ہیں؟"

"ٹھیک ہیں۔"

"بچے؟"

"شکریہ، ٹھیک ہیں۔"

"کتنے ہیں؟"

"ماشاء اللہ والا معاملہ ہے۔" میں نے سوچا تھا کہ وہ میرے اس فقرے پر مسکرائیں گی مگر کیا مجال جو ان کے ہونٹوں نے مسکراہٹ کی ہلکی سی تہمت بھی گوارا کی ہو۔

"ادب لطیف کا سالنامہ چھپ رہا ہے۔" اسد اللہ نے گفتگو بدل کر حقیقی موضوع کے لئے راہ ہموار کی۔

"میں ادب لطیف پڑھا کرتی ہوں۔"

"اس کے لئے لکھئے بھی۔" میں نے عرض کیا۔

"اچھا جی!" جواب ملا اور موضوع ختم!

چند لمحے خاموشی رہی۔

"آپ کے بچوں کو بھی افسانہ نگاری کا شوق تھا! سوال پوچھا گیا، مجھے خوشی ہوئی کہ اب گفتگو ادب کے بارے میں ہوئی مگر توبہ کیجئے صاحب!

پتہ نہیں میں نے کیا جواب دیا۔ دوسرے لمحے فرمانے لگیں۔" یہ بچوں کا معاملہ کافی پریشان کن ہے۔ کوئی نہ کوئی بیمار ہو جاتا ہے۔"

توقع تھی کہ ادب کے متعلق کچھ گرما گرم قسم کی بحث ہو گی، وہ ادب کی سب سے بڑی تحریک ترقی پسندی کے خلاف کئی مضمون لکھ چکی تھیں، اس بارے میں ان سے باتیں کرنا چاہتا تھا، چنانچہ میں نے کہا۔

"آپ ترقی پسند کے خلاف کیوں ہیں؟"

"جی۔۔۔کچھ خلاف تو نہیں ہوں، کچھ پہلو ایسے ہیں جن سے مجھے اور صمد شاہین

صاحب کو اختلاف ہے۔ آپ چائے پی نہیں رہے۔ میں خود چائے بنایا کرتی ہوں آج نوکرانی کے ذمے یہ کام ڈال دیا۔ چائے پسند نہیں آئی آپ کو۔" اور وہ انگلیوں سے ساڑھی کے پلو کو مسلنے لگیں۔ نظریں جھکی ہوئی تھیں۔

"جی ایسا تو نہیں ہے۔" میں نے تکلفاً کہا۔ چینی کا صرف ایک چمچ ڈالا گیا تھا اور میں اچھا خاصا چینی خور ہوں۔

"بسکٹ نہیں لئے آپ نے؟"

"شکریہ"

"لیجئے نا۔"

اور بسکٹوں سے بھری ہوئی پلیٹ میری طرف بڑھا دی گئی، چند منٹ کے بعد ہم اٹھ بیٹھے۔

"بھابھی صاحبہ سے میر اسلام کہئے۔۔۔۔۔اور۔۔۔۔"

"بچوں کو پیار" میں نے ان کا فقرہ مکمل کیا۔

"جی ہاں۔۔۔۔۔۔۔" وہ ذرا سی مسکرائیں، بھابھی اور بچوں کو لے کر یہاں ضرور آیئے گا۔" انہوں نے تاکیداً کہا اور ہم نیچے اتر آئے۔ مختصر ملاقات، بہت مختصر ملاقات ختم ہو گئی۔

"اسد اللہ، یہ بتاؤ کہ ہم کس سے مل کر آرہے ہیں؟" میں نے سیڑھیوں سے اتر کر اسد اللہ سے پوچھا۔

"کیا مطلب؟"

"یار! سچ بتاؤ! یہ ممتاز شیریں تھیں؟"

اسد اللہ کئی لمحے مجھے حیرت سے دیکھتا رہا۔

خود نوشت ممتاز شیریں - ہمیں سو گئے داستاں کہتے کہتے

ماخوذ از: ماہانہ ادبی مجلہ "قند" پشاور۔ جنوری، فروری ۱۹۷۴، ایڈیٹر: آذر تاج سعید

A meeting with Mumtaz Shireen. Interviewer: Mirza Adeeb

***

۳

مہمان اداریہ ہی نہیں لکھتے پروف بھی پڑھتے ہیں

مشفق خواجہ

پچھلے ڈیڑھ دوماہ سے کراچی میں غیر ملکوں سے آنے والے ادیبوں کی وجہ سے بڑی رونق ہے۔ ادب اور لذت کام و دہن دونوں کی بڑے پیمانے پر آزمائش ہو رہی ہے۔ کہیں ادبی نشستیں اور کہیں شعری محفلیں، کہیں ظہرانے میں اور کہیں عشائیے۔ اخباروں کے ادبی ڈائری نویسوں کی پانچوں گھی میں ہیں۔ وہ صبح ہوتے ہی قلم کان پر نہیں، جان ہتھیلی پر رکھ کر نکلتے ہیں اور محفلوں کے شرکاء کی فہرستیں مرتب کرنے کا غیر دلچسپ اور محنت طلب کام کرتے ہیں ۔ اس فہرست سازی کی اتنی اہمیت ہے کہ ہر محفل میں مہمان خصوصی سے زیادہ ادبی رپورٹوں کو اہمیت دی جاتی ہے۔ شرکاء ان سے بڑھ بڑھ کر ہاتھ ملاتے ہیں، خیریت پوچھتے ہیں تاکہ جب اخبار میں رپورٹ شائع ہو تو اس میں ان کا نام بھی شامل ہو۔ چند روز پہلے کا واقعہ ہمیں کبھی نہیں بھول سکتا۔ ایک پاکستانی ادیب نے ایک ہندوستانی ادیب کے اعزاز میں عشائیہ دیا۔ مہمان خصوصی اور دیگر مہمانوں کو دو گھنٹے تک کھانے کا انتظار میں بٹھایا گیا۔ ہم اس صورت حال سے سخت پریشان ہوئے۔ ہمت سے کام لے کر ہم نے میزبان سے پوچھا، "اب کس کا انتظار ہے؟" انہوں نے فرمایا، "علی حیدر ملک اور شہزاد منظر کا۔ ' ' اس جواب پر ہمیں بڑی حُرت ہوئی، ہم نے عرض کیا، "کیا یہ

بھی ہندوستان سے آئے ہیں؟" میزبان نے رازدارانہ انداز میں فرمایا،" بھئی یہ دونوں اخبارات میں ادبی ڈائریاں لکھتے ہیں۔ ذرا خوش ہو جائیں گے کہ ہم نے ان کا انتظار کیا۔"

ہندوستانی مہمانوں میں سب سے پہلے ڈاکٹر معظم اور جیلانی بانو تشریف لائے۔ ہم نے عام رواج کے خلاف جیلانی بانو کا نام بعد میں لکھا ہے، ورنہ اخباری اطلاعات کے مطابق یوں لکھنا چاہئے تھا کہ جیلانی بانو تشریف لائیں اور ان کے ساتھ ان کے شوہر ڈاکٹر انور معظم بھی تھے۔ اس صورتحال کی وجہ یہ ہے کہ جیلانی بانو افسانہ نگار ہیں اور ان کی شہرت چہار دانگ عالم میں ہے۔ ڈاکٹر انور معظم صرف عالم و فاضل اور محقق و دانشور ہیں، اس لئے ان کے تعارف کا حلقہ محدود ہے۔ گویا جیلانی بانو شہرت میں آگے نکل گئیں اور ڈاکٹر انور معظم علم و فضل میں۔ علم میں آگے نکل جانے کا مطلب گم شدگی ہوتا ہے، لہذا ڈاکٹر انور معظم بڑی حد تک پس منظر ہی میں رہے۔ بیشتر تقریبات جیلانی بانو کے اعزاز میں ہوئیں، ڈاکٹر صاحب ان میں شریک تو ہوئے تھے لیکن بطور یکے از سامعین۔ ہاں دو چار جگہ ڈاکٹر صاحب کو اظہار خیال کا موقع ملا تو لوگوں کو اندازہ ہوا کہ اگر جیلانی بانو کی شہرت "پردۂ حائل" نہ ہوتی تو اخباروں میں ڈاکٹر صاحب کے دو چار انٹر ویو الگ سے بھی چھپ جاتے۔ انٹرویو کی بات ہم نے اس لئے عرض کی ہے کہ جیلانی بانو کے جتنے بھی انٹرویو اخبارات میں چھپے ہیں، ان میں ایک آدھ سوال ڈاکٹر صاحب سے بھی کرلیا جاتا تھا۔ "نوائے وقت" کے انٹرویو میں ڈاکٹر صاحب نے یہ کہہ کر دامن چھڑا لیا کہ میں تو ادب کا محض قاری ہوں۔ ڈاکٹر صاحب سے گزارش ہے کہ اتنے انکسار سے کام نہ لیں ورنہ لوگ انہیں صرف جیلانی بانو کا قاری سمجھنے لگیں گے۔

دوسرے مہمان "شاعر" بمبئی کے مدیر افتخار امام صدیقی تھے جو خلاف معمول کسی مشاعرے میں شرکت کے لئے نہیں آئے تھے حالانکہ وہ سفر عموماً مشاعروں ہی کے لئے

کرتے ہیں۔ ان کے بارے میں سنا گیا ہے کہ وہ سال میں گیارہ مہینے مشاعروں میں رہتے ہیں اور ایک مہینہ جو بچتا ہے اس میں مشاعروں کے منتظمین سے خط و کتابت کرتے ہیں۔ ایک بار گھر سے نکلتے ہیں تو دس پندرہ مشاعرے بھگتا کر ہی لوٹتے ہیں۔ کلام بھی اچھا ہے، اور ترنم بھی عمدہ ہے۔ اس وجہ سے وہ ادب نوازوں ہی میں ن ہی، گانا سننے کے شوقین لوگوں میں بھی مقبول ہیں۔ مشاعرہ بازی کی عادت کی وجہ سے وہ اپنا رسالہ ریل گاڑی میں مرتب کرتے ہیں، اس کے باوجود "شاعر" اردو کا بہترین رسالہ ہے۔

افتخار امام کے بارے میں یہ واقعہ سننے میں آیا ہے۔ دروغ بر گردن راوی، چند سال ہوئے ان کے بھائی کی شادی تھی۔ یہ مشاعرہ گردی میں مصروف کسی دور دراز شہر میں مقیم تھے۔ گھر والوں نے تار دیا، "جلد آؤ، بھائی کی شادی ہے۔" انہوں نے جوابی تیار دیا، "بے حد مصروف ہوں، اس لئے معذرت۔" گھر والوں نے ایک اور تار دیا، "شادی کے موقع پر مشاعرہ بھی ہو گا، اس لئے تمہاری شرکت ضروری ہے۔" اب کے افتخار امام کی جواب یہ تھا، "آرہا ہوں، آمد و رفت کا کرایہ اور محنتانہ پیشگی بھجوا دیجئے۔"

افتخار امام کی آمد کا مقصد یہ تھا کہ وہ اپنے رسالے کا پاکستانی ادب نمبر شائع کر رہے ہیں۔ اس سلسلے میں انہوں نے کراچی کے تمام اہم ادیبوں سے رابطہ قائم کیا اور بہت سا مواد حاصل کیا۔ وہ لاہور اور اسلام آباد بھی جانا چاہتے تھے، لیکن وقت کی کمی کی وجہ سے وہ ایسا نہ کر سکے۔ لاہور، اسلام آباد کے ادیبوں کو یہ چاہیئے کہ وہ بمبئی جا کر افتخار امام کے پاکستانی ادب نمبر کے لئے اپنی تخلیقات پیش کریں۔ ایسا کرنا کچھ مشکل نہیں۔ اکادمی ادبیات کے پاس سیر وسیاحت کے لئے خاصے فنڈز ہیں۔ اکادمی، ادیبوں کو گلگت اور سوات وغیرہ کی سیر تو کراتی ہی رہتی ہے اب کے "سیر کے واسطے تھوڑی سی فضا اور سہی" اور اگر اکادمی کے انتظامی ڈھانچے میں تبدیلی کی وجہ سے یہ ممکن نہ ہو تو اکادمی کا

فرض ہے کہ وہ افتخار امام کو اپنے مہمان کی حیثیت سے پاکستان بلائے۔ "شاعر" کا پاکستانی ادب نمبر صحیح طور پر پاکستانی ادب کا عکاس ہونا چاہئے اور اس لئے ضروری ہے کہ افتخار امام پاکستانی ادیبوں سے فرداً فرداً رابطہ قائم کریں۔

تیسرے مہمان شاہین تھے جو کینیڈا سے تشریف لائے تھے۔ یہ پہلے شاہین غازی پوری کے نام سے مشہور تھے۔ اب علامہ اقبال کے شاہین کی طرف صرف "شاہین" ہیں۔ فرق یہ ہے کہ یہ پہاڑوں کی چٹانوں پر بسیرا نہیں کرتے، جب پاکستان آتے ہیں تو جناب صہبا لکھنوی، مدیر "افکار" کے دولت خانے پر قیام کرتے ہیں۔ جناب صہبا لکھنوی بڑے مہمان نواز ہیں۔ غیر ملکوں سے آنے والے اکثر ادیب انہی کے ہاں قیام کرتے ہیں۔ صہبا صاحب اپنے مہمانوں کا اتنا خیال رکھتے ہیں کہ ان سے افکار کا اداریہ ہی نہیں لکھواتے، پروف بھی پڑھواتے ہیں، اسی لئے افکار میں معنوی غلطیاں تو ہوتی ہیں کتابت کی کوئی غلطی نہیں ہوتی۔ صہبا صاحب اتنے وسیع القلب ہیں کہ غیر ملکیوں سے بھی اپنے ہم وطنوں جیسا سلوک کرتے ہیں۔ یعنی انہیں ان کے نام سے نہیں، افکار کے سالانہ خریدار نمبر سے یاد رکھتے ہیں۔ غیر ملکی مہمان بھی صہبا صاحب کا اس قدر خیال کرتے ہیں کہ اپنے پاسپورٹ پر "افکار" کا خریدار نہیں بھی لکھ رکھتے ہیں تاکہ کہیں غلطی سے انہیں دوبارہ خریدار نہ بنالیا جائے۔

شاہین "اردو کینیڈا" کے نام سے انگریزی میں ایک رسالہ شائع کرتے ہیں جس میں اردو تخلیقات کے انگریزی تراجم اور اردو ادب کے بارے میں تعارفی و تنقیدی مضامین شائع ہوتے ہیں۔ کتابوں پر تبصرے اور ادبی خبریں بھی ہوتی ہیں۔ اس رسالے کے اب تک دو شمارے شائع ہوئے ہیں اور دونوں ہی ایڈیٹر کی محنت اور خوش ذوقی کا آئینہ ہیں۔ شاہین ایک اچھے شاعر بھی ہیں جس کا علم ہمیں ان کے دیوان کی اشاعت سے ہوا تھا، اور

مزید علم "اردو کینیڈا" سے ہوا ہے کہ اس میں ان کی نظموں کے انگریزی تراجم شامل ہیں۔ یہ تراجم ہمیں اتنے پسند آئے کہ جی چاہتا ہے انہیں دوبارہ اردو میں ترجمہ کیا جائے۔

"اردو کینیڈا" میں نئے پرانے، اچھے برے، معروف، غیر معروف، ہر طرح کے ادیبوں کی تخلیقات کے تراجم شائع کئے گئے ہیں جن سے معلوم ہوتا ہے کہ اردو ادب واقع بڑی کسمپرسی کی حالت میں ہے۔ خدا کرے یہ رسالہ تادیر جاری رہے تاکہ ہمارے لکھنے والوں کی جو تحریریں اردو میں براہ راست قارئین کو متاثر نہیں کر سکیں، انگریزی میں ترجمہ ہو کر اپنا ایک حلقہ اثر قائم کرلیں۔ رسالے کا تعارفی و تنقیدی حصہ خاصا معلوماتی ہے۔ کاش اردو ادب سے متعلق اس قسم کے سنجیدہ ادبی رسالے پاکستان اور ہندوستان سے بھی شائع ہوں۔

ماخوذ از کتاب: سن تو سہی (مشفق خواجہ کی منتخب تحریریں)، مرتبین: ڈاکٹر انور سدید، خواجہ عبدالرحمن طارق

A guest editorial and proof reading. Essay: Mushfiq Khwaja [khama-bagosh.[

***

۴

اردو میں طنز و مزاح

پروفیسر آل احمد سرور

طنز دراصل رومانیت کی ضد ہے، رومانیت تخیل کے سہارے، ہر ذرے میں سورج، ہر عمارت میں تاج محل، ہر پہاڑی میں ہمالیہ رکھتی ہے۔ طنز بھی اسی صلاحیت سے کام لے کر، ہر چاند کا مانگے کا اجالا۔ ہر قصر کے روزن اور ہر دیوتا کے مٹی کے پاؤں دکھاتی ہے۔ طنز کی ابتدائی شکل ہجو ہے، طنز و مزاح میں گہرا تعلق ہے۔ طنز کا ایک مقصد ہوتا ہے۔ یہ زخم لگا کر اصلاح کرنا جانتی ہے۔ مزاح صرف تضادات، عجائبات، قول و فعل کے فرق، ظاہر اور باطن میں بھید کی طرف اشارہ کر کے ناگوار کو گوارا اور نشیب و فراز کو ہموار کرنا سکھاتا ہے۔ مزاح میں طنز کی لے ضروری نہیں مگر طنز میں ادبیت اور دلکشی مزاح کی چاشنی سے آتی ہے۔ ہجو اکثر اتلوار کے بجائے گرز سے کام لیتی ہے۔ طنز کی تلوار کے بجائے مزاح کا نشتر زیادہ لطیف ہے اور اس نشتر کی کھٹک زندگی سے آنکھیں چار کرنے کا حوصلہ اور ایک طور پر جینے کا سلیقہ سکھاتی ہے۔ ہجو شروع سے ملتی ہے اسے طنز خصوصاً اعلی طنز بننے میں وقت لگتا ہے در مزاح کی حس تو ایک پختگی، ایک تہذیبی رچاؤ مانگتی ہے۔

ہجو میں مبالغے کی بہتات ہوتی ہے۔ طنز میں مبالغے کو پر لطف ہونا چاہئے۔ مزاح زیادہ تر ہجو ملیح سے کام لیتا ہے اور اس میں کنائے کی کارفرمائی ہوتی ہے۔ ہر ادبی سرمائے

میں طنز و مزاح کے سرمائے کی اہمیت ظاہر ہے۔ انگریزی اور فرانسیسی ادب میں طنز اور مزاح دونوں کے اعلیٰ نمونے ملتے ہیں۔ اردو ادب نو عمر ہے اس لئے ان مغربی زبانوں کا تو مقابلہ نہیں کر سکتا مگر اس میں ہجو، طنز، ظرافت لفظی شوخی اور مزاح سبھی کے اچھے نمونے مل سکتے ہیں۔ چنانچہ انیسویں صدی سے ساری دنیا میں نثر کو بڑی ترقی ہوئی ہے۔ اور یہ متمدن انسان کے بیشتر افکار و اقدار اور جذبات و خیالات کے اظہار کا آلہ بن گئی ہے ۔اس لئے آج شاعری میں طنز و مزاح کے مقابلے میں نثر میں طنز و مزاح کا سرمایہ زیادہ وقیع ہے۔ اردو میں بھی یہی بات نظر آتی ہے۔

شاعری میں سودا ہمارے سب سے بڑے ہجو نگار ہیں۔ ان کے دور میں ہجو نگاری بہت مقبول تھی مگر سودا کی ہجوؤں میں شخصی کمزوریوں کا مذاق اڑانا ہی نہیں ہے۔ سماجی طنز بھی ہے ان کے مخمس "شہر آشوب" اور "قصیدہ"، "تضحیک روزگار" اور سیدی کو قوال کے ہجو میں قہقہے اور بلند آہنگ شہنائی کے ساتھ ایک دردمند دل کے گداز کا بھی احساس ہوتا ہے۔ انشا کھلنڈرے ہیں وہ چٹکیوں اور لطیفوں کے ہی بادشاہ نہیں ہیں۔ ان کے یہاں ایک رعنائی خیال کے ساتھ زبان سے کھیل بھی ملتا ہے۔ سودا کے یہاں بلند پایہ تشبیہات ہیں اور خیرہ کن تصویریں، انشاء کے یہاں ایک چمک دمک ہے اور ایک ہنسوڑ کے پیترے۔ پھر نظیر کے یہاں ہمیں ایک نشاط زیست ملتاہ اور میں نظیر کو علاوہ اور خصوصیات کے ایک مزاح نگار اس لئے بھی مانتا ہوں کہ وہ زندگی کے تضادات اور عجائبات کو ہاں کہتا ہے ان پر کڑھتا نہیں جو نماز پڑھتا ہے وہ بھی آدمی ہے اور جو نمازیوں کے جوتے چراتا ہے وہ بھی آدمی ہے۔ برسات میں جو گھر کے دروازے پر آکر کیچڑ میں پھسل جاتا ہے۔ وہ بھی زندگی کے حوادثات کا نقشہ رکھا کہ ہمیں محفوظ کرتا ہے۔ لیکن مزاح کے اس سے زیادہ کے اعلیٰ درجے کے نمونے غالب کی شاعری میں ملتے ہیں جو

ایسے اشعار کہہ سکتے ہیں:

چاہتے ہیں خوب رویوں کو اسد
آپ کی صورت تو دیکھا چاہیے

یا

میں نے کہا کہ بزم ناز چاہیے غیر سے، تہی
سن کے ستم ظریف نے مجھ کو اٹھا دیا کہ یوں

یا یہ اشارہ:

کہاں مے خانے کا دروازہ غالب اور کہاں واعظ
پر اتنا جانتے ہیں کل وہ جاتا تھا کہ ہم نکلے

غالب کی ظرافت کا بھرپور اظہار ان کی نثر میں ہوا ہے مگر ان کی شاعری بھی اپنی شوخی اور نکتہ سنجی کی وجہ سے مزاح کی دنیا میں اہمیت رکھتی ہے۔ اردو شاعری میں طنز و مزاح کے لحاظ سے اکبر سب پر فوقیت لے گئے ہیں۔ اکبر کی عظمت کی دلیل یہ ہے کہ ان کے پیام سے اتفاق نہ کرتے ہوئے بھی ان کی شوخی، ظرافت، طنز و مزاح، ہجو ملیح کنائے سب کا قائل ہونا پڑتا ہے، اکبر کی طنز بھرپور بھی ہوتی ہے اور پر لطف بھی۔ وہ اصلاحیں بھی وضع کرتے ہیں۔ ان کا قلم صنعت، لفظی میں بھی قاتل ہے، وہ با محاورے یا ذو معنی الفاظ یا قافیے کے صوتی حسن سے بھی بڑا کام لیتے ہیں۔ ان کے یہ اشعار:

رقیبوں نے رپٹ لکھوائی ہے جا جا کے تھانے میں
کہ اکبر نام لیتا ہے خدا کا اس زمانے میں

شیخ جی کے دونوں بیٹے باہنر پیدا ہوئے
ایک ہیں خفیہ پولس میں ایک پھانسی پا گئے

بوٹ ڈاسن نے بنایا میں نے ایک مضمون لکھا
ملک میں مضمون نہ پھیلا اور جوتا چل گیا
دخترِ رز نے اٹھا رکھی ہے آفت سر پر
خیریت گذری کہ انگور کے بیٹا نہ ہوا
یوسف کو نہ سمجھے کہ حسیں بھی ہے جواں بھی
شاید نرے لیڈر تھے زلیخا کے میاں بھی

ان کی عظمت اور معنویت کی طرف اشارہ کرنے کے لئے کافی ہیں۔

اکبر کے بعد ظریف لکھنوی کا نام لیا جاسکتا ہے مگر ان کے یہاں WIT یا لفظی ظرافت زیادہ ہے HUMOUR یا مزاح کم۔ اس سے زیادہ تو اقبال کے یہاں طنز و ظرافت ہے۔ شیر خچر سے پوچھتا ہے تو کون ہے اور کس قبیلے سے ہے۔ خچر جواب دیتا ہے:

میرے ماموں کو نہیں پہچانتے شاید حضور :: وہ صبا رفتار شاہی اصطبل کی آبرو

اقبال کے بعد ظفر علی خاں کے یہاں بھی طنز و ظرافت کی چاشنی جابجا مل جاتی ہے، مگر وقتی موضوعات یہاں زیادہ اہم ہیں۔ ہاں اقبال کی پیروی کرتے ہوئے ظفر علی خاں کی طنز آج بھی پر لطف ہے:

گاندھی از گجرات بھاوے از دکن :: ننگے پاؤں ننگے سر ننگے بدن

ان کے بعد ظرافت کے لحاظ سے شاعری میں سید محمد جعفری کا نام اہم ہے جو اول تو غالب اور اقبال کے اشعار کی پر لطف پیروڈی کرتے ہیں دوسرے اپنے تخیل کی مدد سے کلرک، تجریدی آرٹ اور بوفے پر بڑے مزے کی نظمیں لکھتے ہیں۔ بے گھر لوگوں کے متعلق ان کا یہ شعر:

چین و عرب ہمارا ہندوستاں ہمارا :: رہنے کو گھر نہیں ہے سارا جہاں ہمارا

ان کے حسن تخیل کی لازوال علامت ہے۔

نثر کے سلسلے میں غالب کے خطوط کی طرف اشارہ کیا جاچکا ہے۔ غالب اپنے پر ہنسنے کا سلیقہ جانتے ہیں اور موت پر بھی ہنس سکتے ہیں۔ مرنے سے دو دن پہلے علائی کو لکھا تھا:

میرا حال مجھ سے کیا پوچھتے ہو:: چند روز کے بعد ہمسایوں سے پوچھنا

بیماری پر بھی ان کی رگ ظرافت پھڑک اٹھتی ہے:: پھوڑوں کی کثرت سے جسم سر دچراغاں ہو گیا ہے

مزاح کی چاشنی طنز و مزاح میں بہر حال آ ہی جاتی ہے۔ غالب نے جس طرح شہد کی مکھی پر مصری کی مکھی کی فوقیت ثابت کی ہے یا جنت کے ایک قصر میں ایک حور کے ملنے پر زندگی کے اجیرن ہو جانے کا ذکر کیا ہے اس میں مزاح کی بڑی لطیف چاندنی ہے۔ سر سید اپنے مخالفوں کے جواب میں جا بجا طنز سے کام لیا ہے۔ مگر یہاں ان کے بجائے نذیر احمد کا ذکر زیادہ ضروری ہے۔ کیوں کہ نذیر احمد کی کڑھی ہوئی شخصیت میں طنز و مزاح کی وجہ سے بڑی دلآویزی پیدا ہو گئی تھی۔ نذیر احمد کا تخیل اور ان کی زبان کی ساحری خصوصاً محاورے پر عبور ان کے ناولوں ہی میں نہیں ان کی سنجیدہ تصانیف میں بھی جھلک جاتا ہے ۔طنز و مزاح میں زیادہ تر نئے خیالات پر وار ہوتا ہے اور اودھ پنچ کی ظرافت یہی ہے۔ اس میں لفظی ظرافت کا زیادہ دخل ہے۔ مگر سرشار کا کارنامہ یہ ہے کہ وہ اپنی شوخی اور طنز کے سارے ہتھیار لکھنو کی زوال آمادہ تہذیب پر ضرب لگانے میں صرف کر دیتے ہیں مگر اسلوب میں وہ اودھ پنچ کے دبستان کے ہی فرد ہیں۔ فسانہ آزاد ہو یا سیر کہسار سرشار نے جس تہذیب اور معاشرت پر طنز کی ہے وہ اسی کے عاشق بھی ہیں، اس وابستگی کی وجہ سے ان کی طنز میں گہرائی اور دلآویزی ہے گو اس میں رطب و یابس زیادہ ہے۔ ہمواری سرشار کے بس کی نہیں ان کے مزاحیہ کردار کارٹون ہو جاتے ہیں۔ خوجی سب سے

دلآویز کارٹون ہے۔

بیسویں صدی میں جو مزاح نگار سامنے آئے ان میں سید محفوظ علی، فرحت اللہ بیگ ، پطرس، رشید احمد صدیقی، فلک پیما، عبدالمجید سالک، کنہیالال کپور اور مشتاق احمد یوسفی میرے نزدیک زیادہ اہم ہیں۔ سید محفوظ علی سے لوگ زیادہ واقف نہیں مگر وہ "ہمدرد" میں مزاحیہ کالم لکھا کرتے تھے۔ ان کی علمیت اور زبان پر عبور کی وجہ سے ان کی طنز پر لطف ہوتی ہے۔

فرحت اللہ بیگ اگر اور کچھ نہ لکھتے تو "نذیر احمد کی کہانی کچھ میری کچھ ان کی زبانی" انہیں زندہ جاوید رکھتی۔ ان کے یہاں طنز سے زیادہ مزاح ہے، اس میں شخصیات پر آزادانہ نظر اور زبان اور محاورے پر عبور سے بڑا بانکپن آگیا ہے۔ نذیر احمد اور وحید الدین سلیم کے خاکے بڑے جاندار ہیں۔ مگر میرے نزدیک اس دور میں سب سے بلند پایہ کارنامہ پطرس اور رشید احمد صدیقی کے ہیں۔ دونوں کے یہاں طنز سے زیادہ مزاح کی اہمیت ہے۔ پطرس ہماری ادبی دنیا کے ایک مجموعے کی حیثیت رکھتے ہیں۔ ان کے یہاں زندگی کے تضادات سے لطف اٹھانے کا ملکہ فوراً ہمیں متوجہ کرتا ہے۔ "کتے" ہو یا "لاہور کا جغرافیہ" یا "سویرے کل جو میری آنکھ کھلی" یا "مرحوم کی یاد میں" ان سب میں آرٹ بن گیا ہے۔

رشید احمد صدیقی کے یہاں زیادہ ہمہ گیری ہے۔ اور ان کا سرمایہ پطرس سے زیادہ ہے۔ وہ قول محال سے خوم کام لیتے ہیں۔ صوتی مناسبت سے بھی اور مترادفات میں ہم صوت الفاظ سے بھی ان کے یہاں مقامی رنگ خصوصاً علی گڑھ کا ماحول ان کی کمزوری ہی نہیں طاقت ہے۔ ان کے یہاں ربط و تسلسل کی کمی شعوری طور پر ہے۔ چارپائی ہو یا شیطان کی آنت، مرشد یا پاسبان، اپنی یاد میں ہو یا کچھ کا کچھ۔ بہر کجار کی رسید یم کارواں

پیدا است ہو یا شیخ نیازی۔ رشید احمد صدیقی ہمیں اپنے تخیل، اپنی تشبیہات، اپنے مرقعوں ،اشعار کے بر محل استعمال اور سب سے زیادہ اپنے قول محال کی وجہ سے اپنے ساتھ ضرور بہالے جاتے ہیں۔ وہ اردو نثر کے اکبر تو ہیں ہی، مگر انصاف کی بات یہ ہے کہ اکبر سے کم بلند پایہ مزاح نگار نہیں۔ کنہیا لال کپور نے "غالب ترقی پسندوں کی محفل میں" لکھ کر شہرت حاصل کی۔ ان کے یہاں بھی مزاح کی لطیف چاندنی ہے۔ ایک طور پر وہ پطرس کے قبیلے سے تعلق رکھتے ہیں۔ اور مشتاق احمد یوسفی، رشید احمد صدیقی کے قبیلے سے۔ یوسفی، رشید احمد صدیقی کے جانشین ہی نہیں ہیں میرے نزدیک زر گزشت میں وہ نئی بلندیوں کو چھو لیتے ہیں۔ اخباری کالموں کی وجہ سے ابن انشا کو بجا شہرت حاصل ہوئی، یہاں تک کہ ان کی شاعری کی خوبیوں کو نظر انداز بھی کیا گیا۔ ان کے سفر نامے، "ابن بطوطہ کے تعاقب میں" اور "چلتے ہو تو چین کو چلیے" مزاح کے اچھے نمونے ہیں۔ اردو میں طنز کا سرمایہ اب خاصا وقیع ہے، لیکن ابھی مزاح کی دنیا میں خوب سے خوب تر کی جستجو کی خاصی بڑی گنجائش ہے۔

ماخذ: سہ ماہی "ادیب"، جامعہ اردو، علیگڑھ۔ (خصوصی شمارہ: اردو زبان و ادب کی تاریخ)۔ جلد: ۱۷، شمارہ: ۳-۴، جولائی تا دسمبر ۱۹۹۳

Humour and Satire in Urdu literature. Essay: Prof. Aal-e-Ahmad Suroor

***

۵

ڈاکٹر ہری ونش رائے بچن :
ہندی کا خاموش مگر بلند آواز تخلیق کار

رشید انجم / احمد سہیل

ہری ونش رائے بچن (اصل نام: ہری ونش رائے سری واستو ، پ: ۲۷/ نومبر ۱۹۰۷ء،م:۱۸/ جنوری ۲۰۰۳)

ہندی ادب کے ایک ممتاز شاعر، ایک ممتاز ہستی، ایک خاموش مگر بلند آواز کا تخلیق کار کا نام ہے۔

ہری ونش رائے بچن کی صحیح شناخت ہندی میں ان کی شعری تخلیق "مدھو شالا" ہے۔ اس طویل نظم نے انہیں ملک گیر شہرت اور مقبولیت سے نوازا۔ اس نظم کو آج بھی ہندی ادب میں کلاسیکی حیثیت حاصل ہے۔

۱۹۰۷ء میں اتر پردیش کے پریاگ شہر کے نزدیک اموڑھا گاؤں میں ان کی پیدائش ہوئی تھی۔ اس دور کی تعلیمی سہولیات کے تحت انہوں نے ہندی اور انگریزی میں تعلیم حاصل کی۔ والد چونکہ باحیثیت تھے، اسلئے اعلیٰ تعلیم کے لئے انہیں ولایت بھیج دیا گیا۔ وہاں رہ کر انہوں نے اعلی تعلیم حاصل کی اور انگریزی میں پی ایچ ڈی کرنے کے

بعد انہیں ڈاکٹریٹ کی سند حاصل ہوگئی۔ ان کا مزاج اپنے ہم عصر ساتھیوں سے بالکل جدا تھا۔ سنجیدگی اور بردباری ان کا مزاج تھی۔ اس زمانے میں کسی کا ولایت جانا اور وہاں سے تعلیم پاکر لوٹنا بڑا کام مانا جاتا تھا۔ ہری ونش رائے بچن ایک چھوٹے سے گاؤں کے باشندے تھے، اسلئے گاؤں کے لئے یہ بہت فخر کی بات تھی۔

اتر پردیش کے شہروں میں علم و ادب کی شمعیں روشن تھیں۔ اردو کے ساتھ ہی ہندی شاعروں اور ادیبوں، کی محفلیں گویا رات میں دن کا سماں پیدا کرتی تھیں۔ ہری ونش رائے بچن کو جب ایسے ہی ہم عصروں کا ساتھ ملا تو وہ بھی کویتائیں کہنے لگے۔

ان کی کویتاؤں کے عنوانات سے ہی اندازہ لگایا جا سکتا ہے کہ ان کویتاؤں میں ایک وطن پرست نوجوان کے رومانی جذبات کا کیسا اظہار ہے۔ "مدھو شالا" آکورانتر"، نشا نز منتر" وغیرہ میں امید اور نا امیدی کی اضطرابی کیفیت ہے لیکن جو مقبولیت انہیں "مدھو شالا" سے ملی وہ ان کے تمام کلام پر بھاری ہے۔ اس کی مقبولیت کا سب سے بڑا اصلہ ان کے بیٹے فلمسٹار امیتابھ بچن کو دے دیا جانا چاہئے۔

ان کی شادی تیجی بچن سے ہوئی تھی، جو بذات خود بھی تعلیم یافتہ اور مہذب خاتون تھیں۔ ان سے ہری ونش رائے کے دو بیٹے امیتابھ بچن اور اجیتابھ بچن ہوئے۔ امیتابھ بچن موجودہ عہد میں ہندوستانی فلم صنعت کے ممتاز اور مقبول اداکار ہیں۔ وہ اپنے والدین کا بہت احترام کرتے تھے اور والد کی شعری تخلیقات سے کچھ زیادہ ہی متاثر تھے۔ انہوں نے مدھوشالا کو اپنی آواز میں ریکارڈ بھی کیا ہے۔

ہری ونش رائے بچن کے کلام کی اس خوبی کے مد نظر فلمسازوں نے ان کے گیتوں کو اپنی فلموں میں شامل کر کے گویا انہیں خراج تحسین پیش کیا تھا۔ ہری ونش رائے بچن فلم اور سنیما کے کسی بھی شعبے میں اپنا مقام بنانے کے خواہشمند نہیں رہے۔ صرف تین

فلموں میں ان کے صرف تین گیتوں کو ہی موسیقاروں نے راگوں میں ڈھال کر فلموں میں پیکچرائز کیا تھا۔

ہری ونش رائے بچن نے طویل عمر پائی تھی۔ وہ ایک بڑے اور مقبول فلم اداکار کے والد تھے۔ دنیا کی ہر نعمت انہیں حاصل تھی۔ بمبئ جیسے میٹروپولیٹین شہر کے بے حد پوش علاقے میں رہائش پذیر تھے۔ اور ان کے گھر پر فلم سیاست اور سماج کی بڑی بڑی ہستیاں نیاز مندانہ آیا کرتی تھیں۔ لیکن ہری ونش رائے بچن اس تہذیب کے نمائندہ فرد تھے جس میں سب سے پہلے بچوں کو مہذب آداب واطوار سکھائے جاتے ہیں۔ وہ میزبان کی حیثیت سے ہر مہمان سے خندہ پیشانی سے ملتے، ان کی پذیرائی کرتے لیکن کبھی کسی محفل کا حصہ بننے سے انہوں نے ہمیشہ گریز کیا۔ وہ اپنی دیا کے وہ خاموش فرد تھے جہاں تنہائی تخلیق کی صورت میں بولتی ہے اور تخلیق کار کے ذہن میں اطمینان بخش طمانیت کا احساس جاگزیں ہوتا ہے جس میں سرشاری ہے، سرفرازی ہے، لطافت ہے جو جذبات کے فن کی تزئین کرتی ہے اور ذات کی کائنات کو گلبدنی دے کر ہر مصنوعیت سے محفوظ رکھتی ہے۔ ہری ونش رائے بچن نے ہندی ادب میں جائزمقام حاصل کیا اور جنوری ۲۰۰۳ء میں ۹۶ سال کی طویل عمر پا کر بمبئ میں انتقال کیا۔

ہری ونش رائے بچن کے فلمی گیت:

۱۹۷۱ء "بدنام بستی" موسیقار: وجے راگھوراؤ۔

"میلے میں کھوئی گجریا" (آواز: ہری ونش رائے بچن)

۱۹۷۱ء "پھر بھی" موسیقار: رگھوناتھ سیٹھ

"سانجھے کھلے، بھور جھرے، پھول ہر سنگھار کے۔" (ہیمنت کمار اور انو مکرجی)

۱۹۷۷ء "آلاپ" موسیقار: جے دیو۔

ا۔ "کوئی گاتا میں سو جاتا۔" (یسوداس)

۱۹۸۱ء "سلسلہ" موسیقار: شوہری

"رنگ برسے بھیگے چنر والی رنگ برسے" (امیتابھ بچن اور ساتھی)

ماخوذ از کتاب: ادب سے فلم تک (سن اشاعت: ۲۰۱۷)

ہری ونش رائے بچن:

جدید ہندی شاعری کا ایک بڑا نام اور "مدھوشالہ" کے خالق

احمد سہیل

ہندی کے ممتاز شاعر اور بالی وڈ کے اداکار امیتابھ بچن کے والد۔ ہیں ہری ونش رائے بچن (۱۹۰۷-۲۰۰۳)۔ انہیں ہندی زبان کا اھم شاعر تسلیم کیا جاتا ہے۔ اترپردیش میں الہ آباد کے محلے "چک" کے ایک مکان میں پیدا ہوئے اب یہ مکان موجود نہیں ہے اب اس علاقے سے " زیرو روڈ" گذر رہی ہے۔ {کچھ کا کہنا ہے وہ پرتاب گڑھ میں پیدا ہوئے ؟؟} ۱۹۲۶ میں ان کا خاندان محلہ چک سے " مٹھی گنج" منتقل ہو گیا۔ ان کے والد پائنز پریس میں ملازم تھے۔۔ اعلیٰ تعلیم الہ آباد یونیورسٹی اور بنارس ہندو یونیورسٹی سے حاصل کی۔ بچّن جی سن انیس سو چالیس میں کیمبرج یونیورسٹی سے پی ایچ ڈی کرنے والے پہلے ہندوستانی تھے۔ انھون نے آئرلینڈ کے قوم پرست شاعر ایٹس {W.B.Yeats} کی شاعری اور فکری جہات پر اپنا مقالہ لکھا تھا۔ ایک دفعہ مشہور فلسطینی / امریکی نقاد اور مزاحمت کار ایڈورڈ سعید بتا رہے تھا کہ انھوں نے مسٹر بچن کا یہ مقالہ پڑھا ہے۔ جس سے

میں نے اپنی ڈاکٹریٹ کی سند کے لیے مواد حاصل کیا۔ بلکہ میری بعد کے بہت سے مقلوں میں بھی اس دیتا دکھائی دیتا ہے۔ ایڈورڈ سعید بچن جی کے اس مقالے سے خاصے متاثر تھے۔

تشنہ بریلوی مرحوم نے لکھا ہے "یک دن جوش صاحب اپنے آفس میں دوستوں کے درمیان بیٹھے تھے کہ رگھوپتی سہائے فراق گورکھپوری ہری ونش رائے بچّن کو لے کر وارد ہوئے۔ دروازے پر رک کر فراق صاحب نے ہر چہرے کا جائزہ لیا اور پھر بولے۔

"دیکھ ہری ونش غور سے دیکھ۔ یہاں گیارہ لوگ کمرے میں ہیں جو سب اردو کے مشہور شاعر اور ادیب ہیں۔ ان میں دس لوگ ہندو یا سکھ ہیں اور صرف ایک مسلمان۔"

"اور وہ بھی کیا مسلمان" کنور مہندر سنگھ بیدی سحر نے فقرا جڑا۔ اس وقت جوش صاحب کی محفل میں یہ حضرات موجود تھے۔ مہندر سنگھ بیدی۔ جگن ناتھ آزاد' پنڈت ہری چند اختر، گوپال متل ، فکر تونسوی ، عرش ملسیانی ، گلزار دہلوی، نریش کمار شاد ' پرکاش پنڈت اور راجندر ناتھ شیدا۔

ہری ونش رائے نے مسکرا کر کہا" میں بھی تو اردو کا دشمن نہیں ہوں۔ میری تعلیم اردو سے شروع ہوئی تھی میں نے تو عمر خیام کی رباعیات کا انوواد ن بھی کیا ہے۔۔۔ دیو ناگری رسم الخط (لپی) سے آپ مطمئن نہیں تھے۔ آپ نے "لپی سدھار" کے لیے بہت سی تجاویز پیش کیں لیکن قدامت پرستوں نے ان کو رد کر دیا اس لیے ہندی "کی بورڈ" اب بھی بہت مشکل ہے چار جلدوں میں بچّن جی نے آپ بیتی لکھی جس پر انھیں دس لاکھ روپے انعام ملا جو بڑی رقم تھی۔

جب اندر کمار گجرال ماسکو میں ہندوستان کے سفیر تھے تو فیض صاحب بھی وہاں گئے ۔ فیض صاحب اندر کمار گجرال کے استاد بھی رہ چکے تھے۔ اتفاق کی بات کہ ہری ونش

رائے بچّن بھی ماسکو میں تھے۔ گجرال صاحب نے بچّن جی کا تعارف یہ کہہ کر کیا" فیض ان سے ملیے یہ ہیں ہندی کے فیض احمد فیض۔" دونوں ایک دوسرے سے مل کر بہت خوش ہوئے۔ جب ودکا اور کونیاک کے جام چلے تو بچّن جی پیچھے ہٹ گئے۔

فیض صاحب نے کہا " بچن جی آپ تو مدھو شالا (میخانہ) لیے پھرتے ہیں پھر یہ گریز؟"

"بات یہ ہے۔" بچن جی ہنس کر بولے "میں خیام کی رباعیوں کے جام پی چکا ہوں۔ اب اور کیا پیوں گا۔"

بچّن جی نے ستّر سے زیادہ کتابیں لکھیں ان میں دو درجن شاعری کے مجموعے ہیں۔ چار جلدوں میں آپ بیتی لکھی۔ شیکسپیئر کے کئی ڈرامے ہندی میں ڈھالے۔ دیگر علمی و ادبی موضوعات پر بہت کچھ لکھا جن میں جواہر لال نہرو کی بائیو گرافی بھی شامل ہے ان کی مشہور ترین کتاب "مدھو شالا" رباعیوں کا مجموعہ ہے جو بہت مقبول ہوا۔ اس طرح آپ ہندی کے عمر خیام بھی ہیں۔ آپ نے آخری نظم اندرا گاندھی کے قتل پر لکھی۔ آپ کی "شرابی" شاعری پر لوگوں نے اعتراض کیا تو گاندھی جی نے کہا کہ شاعری میں سب چلتا ہے"۔۔۔ ہندی کے شاعر اور فلمی گیت نگار نیرج ان کے جگری دوست تھے۔ اور فلمی دنیا سے بچن صاحب نے ہی انھیں متعارف کرایا تھا۔

ایک زمانے میں جب اردو کے ممتاز شاعر فراق گورکھ پوری الہ آباد یونیورسٹی کے انگریزی کے شعبے کے سربراہ تھے، بچّن جی اسی شعبے میں انگریزی ادب کے پروفیسر رہے۔ اس زمانے میں ڈاکٹر دیو بھی اس شعبے سے منسلک تھے۔ اس زمانے میں ہر دنش بچن جے انھوں نے شیکسپیئر کے المیہ ڈراموں کا ہندی میں ترجمہ کیا تھا۔ ہندی شاعری میں ان کی طویل نظم 'مدھوشالہ' بہت مقبول ہے۔

سن انیس سو سڑسٹھ میں میں ہری ونش بچّن کو ہندی زبان کی ترویج و ترقی کے لیے ان کی خدمات کے اعتراف میں بھارتی پارلیمان کے ایوانِ بالا کے لیے نامزد کیئے گے۔۔

ہری ونش بچن کی آواز بہت اچھی تھی اور اس کو کویتائین پڑھنے کا سلیقہ آتا تھا۔ ان کا خیال تھا شاعری انھیں تنہائی کا شکار نہیں ہونے دیتی۔ مراد آباد کے ایک ہوٹل میں نہاتے ہوئے ان کے منہ سے یہ مصرعہ بر آمد ہوا۔۔۔

۔۔۔"درونٹر کمل کلیوں کی پالی، پھولوں کا پیلا"۔۔۔۔

یہ مصرعہ ان کی مشہور نظم " مدھوشالہ "کا حرف اول ثابت ہوئی اور یہ نظم ایک ایسی صورت میں خلق ہوئی جس مین ہندی کی مروجہ بحروں اور دھنوں سے بالکل جداگانہ طرز اظہار تخلیق ہوا۔ اس مین عمر خیام کی رباعیات کی شعری فضا اور اس کے علامتی شعری نظام کا گہرا اثر ہے۔

ان کی کتاب مدھوشالہ ہندی شاعری کی سب سے زیادہ پڑھے جانی والی کتاب مانی جاتی ہے۔ ہری ونش رائے کا تعلق کایستھ ذات سے تھا، اور کایستھ ہندوؤں میں پچھلی صدی کے ابتدائی دور تک بچوں کو اردو اور فارسی سکھانے کی روایت رہی ہے۔ لہذا ہری ونش صاحب نے بھی اپنے بچپن میں اردو اور فارسی کی تعلیم حاصل کی تھی۔ ہری ونش بچن کا کہنا تھا" اردو کو ان کی والدہ نے ان سے روشناس کروایا۔ جن ان کے گھر مین ان کی باقاعدہ تعلیم شروع ہوئی تو اس تقریب میں ایک پرہت جی نے تختی پر" اوم گنیزیشائے نمو" لکھوایا اور ایک مولوی صاحب نے بسم اللہ الرحمٰن الرحیم بھی لکھوایا۔ اور دیگر لوگوں کی طرح انہیں بھی عمر خیام کی رباعیات نے بہت متاثر کیا تھا۔ چنانچہ انہوں نے اس کی رباعیات کا ہندی میں ترجمہ بھی کیا، لیکن اس ترجمے کو زیادہ پذیرائی نہیں ملی۔ کچھ ہی عرصے بعد انہوں نے رباعیات کے ہی رنگ میں مدھوشالہ لکھی، جسے خواص و عوام نے

خوب پسند کیا۔ میں نے ہری وشن رائے بچن کا ان کے ہاتھ سے اردو میں لکھا ہوا ایک پوسٹ کارڈ دیکھا ہے۔ جو انھوں نے لاہور میں اپنے ایک دوست کو لکھا تھ۔ا۔ ان کے کچھ ناقدین ان کو اوسط درجے کا شاعر کہتے ہیں۔ جب میں ان کی شاعری کا تقابل اردو شعرا کے ساتھ کرتا تو مجھے ایسا محسوس ہوتا ہے کہ جیسے یہ اردو کے عبد الحمید عدم ہیں۔

ان کی تخلیق مدھوشالہ (۱۹۳۵) چار چار مصرعوں کے ۱۳۴ بندوں پر مشتمل ایک طویل نظم ہے جس میں انہوں نے عمر خیام کا اتباع کرتے ہوئے رندانہ زبان میں زندگی کے حقائق اور اپنا فلسفہ بیان کرنے کی کوشش کی ہے۔ یہ عرض کرتا چلوں کہ چونکہ میں فارسی زبان و ادب اور عجمیت کا ڈسا ہوا ہوں، اس لیے میں اسے وہ ادبی درجہ تو نہیں دیتا جس سے یہ بھارت میں متصف ہے۔ لیکن اس کے باوجود یہ تخلیق ہندی زبان کی ایک نمائندہ تخلیق ہے جس کا مطالعہ جدید ہندی میں دلچسپی رکھنے والے ہر شخص کے لیے اہم ہے۔ ہری ونش بچن نے نے عمر خیام کی رباعیات کا انگریزی سے ہندی میں ترجمہ بھی کیا ہے۔ انھیں فارسی اور اردو بھی آتی تھی اس لیے انحیں ترجمی کرنے میں کسی قسم کی دقت محسوس نہیں ہوئی۔ اس کو ہندی میں عمر خیام کی رباعیات کا بہتریں ترجمہ کہا جاتا ہے۔

ہری ونش رائے بچن نے یش چوپڑہ کی فلم "سلسلہ" {1981} میں ایک گیت لکھا تھا۔۔ جس کے بول یہ تھے۔ "رنگ برسے بھیگے چنر والی۔۔۔ رنگ برسے "۔۔۔۔ جو بہت مقبول ہوا تھا۔ یہ گانا ان کے صاحب زادے امیتابھ بچن پر فلم بند ہوا تھا۔

ان کا کہنا تھا "میں اس دھاگے میں نظم کے ہر بند کا نستعلیق میں متن مع ہندی الفاظ کی فرہنگ کے ساتھ ٹائپ کرتا جاؤں گا۔ امید ہے کہ ہندی زبان و ادب میں دلچسپی رکھنے والے حضرات اس سے لطف اندوز ہوں گے اور انہیں میری یہ کاوش پسند آئے گی۔ "

"مدھوشالہ " کی چند اشعار دیکھیں۔:

---چلنے ہی چلنے میں کتنا جیوں ہائے بتادیا
دور ابھی ہے پر کہتا ہے پتھ تبلانے والا
سب سے بڑھون آگے کو سا ہسن ہے نہ پھرون پیچھے
کنکر تو { بے حسی، گرمگو، مہبوت } یہ موڈھ مجھ سے دور کھڑی ہے مدھو شالہ

ہری ونش رائے بچن نے قومی شاعری کیا اور آزادی کی تحریک میں بھی فعال رہے۔ انھوں نے اپنی شاعری میں غلامی کی زنجیروں کو توڑنے کیے لیے ہندوستان عوام کو یہ پیغام دیا:

اہے،-----نہیں پھڑ پراتا جھنڈا وایو ویگ سے
چنچل ہوا ہمیں بلاتی ہے، ماں بھارت
ہلا-----ہلا کے آنچل کو -----------------

ان کی ایک نظم ملاخطہ کریں:

میں یادوں کا
قصہ کھولوں تو،
کچھ دوست بہت
یاد آتے ہیں---
---گزرے پل کو سوچوں
تو، کچھ دوست
بہت یاد آتے ہیں---
۔جانے کون سی نگری میں،
آباد ہیں جا کر مدت سے---

دیر رات تک جاگوں تو،
کچھ دوست
بہت یاد آتے ہیں۔۔۔
باتیں تھیں پھولوں جیسی،
لہجے خوشبو جیسے تھے،
صحنِ چمن میں ٹہلوں تو،
کچھ دوست بہت یاد آتے ہیں۔
زندگی بدل گئی،
نئے سرے میں ڈھل گئی،
۔۔۔کو نوکری سے فرصت نہیں۔۔۔
۔۔۔کو دوستوں کی ضرورت نہیں۔۔۔
یار گم ہو گئے ہیں۔۔۔
"تو" سے "تم" اور "آپ" ہو گئے ہیں۔۔۔
گزرے پل کو سوچوں
تو، کچھ دوست بہت یاد آتے ہیں۔۔۔
۔۔۔دھیرے عمر کٹ جاتی ہے۔۔۔
۔۔۔یادوں کی پستک بن جاتی ہے،
۔۔۔کسی کی یاد بہت تڑپاتی ہے۔۔۔
اور کبھی یادوں کے سہارے زندگی کٹ جاتی ہے۔۔۔
کناروں پہ ساگر کے خزانے نہیں آتے،

جیون میں دوست پرانے نہیں آتے۔۔۔

جی لو ان پلوں کو ہنس کے دوست!

پھر لوٹ کے دوستی کے زمانے نہیں آتے۔۔۔۔

{"بہت یاد آتے ہیں"۔۔۔ ہری ونش رائے بچن}

ہری ونش رائے بچن کی تصانیف کی فہرست کچھ یوں بنتی ہے:

شاعری مجموعہ[لکھو]

تیر اہار(۱۹۲۹

مدھوشالا (۱۹۳۵)،

مدھوبالا (۱۹۳۶)،

مدھوکلش (۱۹۳۷)،

نشا نمنترن(۱۹۳۸)،

ایکانت سنگیت (۱۹۳۹)،

آکل انتر(۱۹۴۳)،

ستر نگنی (۱۹۴۵)،

ہلاہل (۱۹۴۶)،

بنگال کا کاوی (۱۹۴۶)،

کھادی کے پھول(۱۹۴۸)،

سوت کی مالا(۱۹۴۸)،

ملن یامنی (۱۹۵۰)،

پرنی پتر کا(۱۹۵۵)،

دھار کے ادھر ادھر (۱۹۵۷)،

آرتی اور انگارے (۱۹۵۸)،

بدھ اور ناچگھر (۱۹۵۸)،

تر بھنگما (۱۹۶۱)،

چار کھیمے چونسٹھ کھونٹے (۱۹۶۲)،

دو چٹانیں (۱۹۶۵)،

بہت دن بیتے (۱۹۶۷)،

کٹتی پرتماؤں کی آواز (۱۹۶۸)،

ابھرتے پرتمانوں کے روپ (۱۹۶۹)،

جال سمیٹا (۱۹۷۳)

آپ بیتی [لکھو]

کیا بھولوں کیا یاد کروں (۱۹۶۹)،

نیڑ کا نرمان پھر (۱۹۷۰)،

بسیرے سے دور (۱۹۷۷)،

بچن رچناولی کے نوں کھنڈ (۱۹۸۳)،

دشدوار سے سوپان تک {۱۹۸۵}

Harivansh Rai Bachchan, a Hindi poet best known for his early work Madhushala.

***

۶

اردو اور ناگری رسم خط

پنڈت جواہر لال نہرو

تاریخ ساز جریدہ 'نقوش' کے "ادبی معرکے" نمبر کا حصہ اول ستمبر 1981 میں شائع ہوا تھا جو کہ 'نقوش' کا ۱۲۷واں شمارہ تھا۔ اس

خصوصی نمبر کا اولین باب بعنوان "زبان کے نام پر معرکے"

اپنے اندر اردو زبان کی ایک وسیع و عظیم تاریخ رکھتا ہے۔ اسی باب کے ایک ذیلی عنوان "اردو اور ناگری رسمِ خط" کے تحت پنڈت جواہر لال نہرو کا تحریر کردہ مضمون پیش خدمت ہے۔

رسم الخط کے مسئلے پر پنڈت جواہر لال نہرو کے خیالات ہم رسالہ اردو ۱۹۳۶ء بابت ماہ جولائی سے ذیل میں پیش کرتے ہیں۔ اس سے ہندوستان کے ایک بہت بڑے مفکر اور سیاست دان کا ایک واضح موقف بھی ہمارے سامنے آتا ہے۔

(یہ مضمون پنڈت جی کی خود نوشت سوانح عمری کے ایک باب سے ماخوذ ہے)

ہم نے شادی (ا) کا جو چھوٹا سا دعوت نامہ تقسیم کیا وہ ہندوستانی میں لکھا اور رومن حروف میں چھپا تھا۔ یہ ایک جدت تھی کیونکہ ایسے رقعے یا تو ناگری میں چھاپے جاتے ہیں یا فارسی رسم الخط میں۔ رومن میں ہندوستانی لکھنے کا چلن پادریوں اور فوجیوں کے علاوہ اور

کہیں نہیں۔ میں نے رومن رسم الخط کا استعمال تجربے کے طور پر کیا تھا۔ تاکہ مختلف لوگوں پر اس کے اثر کا مطالعہ کروں۔ کچھ نے اس جدت کو سراہا، مگر بہتوں کو میرا یہ فعل نہ بھایا، رقعے تھوڑے سے لوگوں میں تقسیم ہوئے تھے، اگر زیادہ لوگوں کو بھیجے جاتے تو مخالفتوں کی تعداد اور زیادہ نکلتی۔ گاندھی جی نے اسے پسند نہیں کیا۔

میں نے رومن خط کا استعمال اس وجہ سے نہیں کیا تھا کہ میں اس کا معتقد ہو گیا تھا۔ گو یہ صحیح ہے کہ ایک عرصے سے میرا میلان اس طرف تھا، ترکی اور وسط ایشیا میں اس کی کامیابی نے مجھے متاثر کیا تھا۔ اور اس کے موافق جو بین دلائل تھے وہ بڑے وزنی تھے۔ یہ ہوتے ہوتے بھی اس کا پورا پورا قائل نہ ہوا تھا اور اگر ہو بھی جاتا تو بھی مجھے خوب معلوم تھا کہ موجودہ ہندوستان میں اس کے رواج کے متعلق کوئی امید نہیں ہے۔ قوم پرور اور مذہبی لوگ، ہندو اور مسلمان، جوان اور بوڑھے غرض کہ ہر جماعت شدت سے اس کی مخالفت کرے گی اور مجھے اس کا بھی احساس ہے کہ مخالفت کی بنیاد محض جذباتی نہ ہو گی۔ ایک شاندار ماضی کی وارث زبان کے لئے رسم خط کی تبدیلی بہت زیادہ اہم ہے۔ کیونکہ رسم خط اور زبان میں چولی دامن کا رشتہ ہے۔ رسم خط بدل کر دیکھو کہ لفظوں کی شکل ہی بدل گئی ہے۔ ان کی آواز بھی بدل گئی ہے اور ساتھ ساتھ خیالات بھی بدل گئے ہیں۔ اس کے بعد قدیم و جدید ادب میں ایک ناقابل عبور حد فاصل آ جاتی ہے۔ اور پرانی زبان ہمارے لئے اجنبی اور مردہ ہو جاتی ہے۔ جس زبان کا کوئی ادبی سرمایہ نہ ہو وہ ان جوکھوں سے کھیل سکتی ہے۔ ہندوستان میں تو میں اس قسم کے تغیر کا گمان بھی نہیں کر سکتا۔ کیونکہ ہمارا ادب نہ صرف قیمتی اور وسیع ہے، بلکہ وہ ہماری تاریخ اور دماغ میں رچ بس گیا ہے اور عوام کی زندگی میں گھل مل گیا ہے۔ اس قسم کا تغیر ایک ظالمانہ قطع و برید ہو گی جو عام تعلیم کے چلن میں سد سکندری بن جائے گی۔

مگر آج کل کے ہندوستان میں تو اس بحث کی نوعیت علمی بھی نہیں ہو سکتی۔ اصلاحِ رسم خط کی دوسری صورت میری رائے میں یہ ہو سکتی ہے کہ سنسکرت نژاد زبانوں یعنی ہندی، بنگالی، گجراتی اور مرہٹی کے لئے ایک عام رسم الخط قبول کر لیا جائے حقیقت یہ ہے کہ ان سب کے رسم خط ایک ہی سوت سے نکلے ہیں اور ان میں زیادہ فرق بھی نہیں ہے۔ لہٰذا ان میں آسانی سے سمجھوتا ہو سکتا ہے اگر ایسا ہو گیا تو چاروں بہنیں ایک دوسرے سے بہت قریب ہو جائیں گی۔

ہمارے انگریز حکمراں نے ہندوستان کے متعلق ایک یہ افسانہ بھی دنیا میں پھیلا رکھا ہے کہ ہمارے ملک میں سیکڑوں زبانیں (مجھے صحیح تعداد یاد نہیں) رائج ہیں۔ ثبوت کے لیے مردم شماری کی رپورٹ دیکھ لیجئے۔ یہ عجیب بات ہے کہ بہت کم انگریز ہیں جو ان سینکڑوں زبانوں میں سے ایک آدھ میں بھی کچھ شد بد جانتے ہوں۔ حالانکہ وہ زندگی کا بہت بڑا حصہ یہیں گزارتے ہیں۔ ہماری زبانوں کے لئے انہوں نے 'ورنیکلر' کا نام تجویز کیا ہے۔ یہ لاطینی کا مرکب لفظ ہے، ورنا کے معنی غلام ہیں اور ورناکلر کے معنی غلاموں کی زبان۔ بہت سے ہندوستانیوں نے لاعلمی میں نام کو اپنا لیا ہے، حیرت ہوتی ہے کہ ہندوستان میں زندگی گزار دینے کے باوجود انگریز یہاں کی زبان سیکھنے کی کوشش نہیں کرتے۔ اپنے خانساماؤں اور آیاؤں کی بدولت انہوں نے ایک عجیب و غریب بولی بنائی ہے۔ اس بگڑی ہوئی ہندوستانی کو وہ اصل زبان سمجھ بیٹھے ہیں۔ جس طرح وہ اپنے ماتحتوں اور خوشامدیوں سے ہندوستانی زندگی کے حقائق معلوم کرتے ہیں، اسی طرح 'ہندوستانی' زبان کا علم وہ اپنے نوکروں سے حاصل کرتے ہیں اور یہ نوکر جان بوجھ کر زبان کو توڑ مروڑ کر استعمال کرتے ہیں کہ صاحب لوگ کہیں کچھ نہ کچھ نہ سمجھ بیٹھیں۔ غالباً انہیں مطلق علم نہیں ہوتا کہ ہندوستانی اور دوسری دیسی زبانوں کا ادبی معیار بلند اور ادبی ذخیرہ وسیع ہے۔

اگر مردم شماری کے اعداد ہمیں یہ بتاتے ہیں کہ ہندوستان میں دو تین سو زبانیں ہیں اور وہی اعداد یہ بھی کہتے ہیں کہ جرمنی میں پچاس ساٹھ زبانیں رائج ہیں۔ مجھے یاد نہیں پڑتا کہ کسی نے اس واقعے کو اہل جرمن کے باہمی نفاق و اختلاف کے ثبوت میں پیش کیا ہو۔ سچ پوچھو تو مردم شماری کی رپورٹ میں ہر قسم کی اہم اور غیر اہم زبانوں کا ذکر ہوتا ہے۔ ایسی زبان کا شمار بھی ہوتا ہے جس کے بولنے والے صرف چند ہزار ہیں۔ لسانیاتی وجوہ سے مقامی بولیوں کا شمار زبانوں میں کر دیا جاتا ہے لیکن رقبے کو دیکھتے ہوئے میرے خیال میں ہندوستان میں زبانوں کی تعداد بہت کم ہے۔ یورپ کے اتنے ہی بڑے رقبے سے مقابلہ کر کے دیکھو تو معلوم ہو گا کہ زبان کے معاملے میں ہندوستان میں کہیں زیادہ یگانگت ہے مگر عام جہالت کی وجہ سے مقامی بولیوں کو فروغ مل گیا ہے اور ان کے اتحاد کی صورت پیدا نہیں ہوئی ہے۔

برما کو چھوڑ کر ہندوستان کی خاص زبانیں حسب ذیل ہیں:

"ہندوستانی" جس کی دو شاخیں ہیں (ہندی اور اردو)، بنگالی، گجراتی، مرہٹی، تامل، تیلگو، ملیالم اور کنڑی۔

اگر اس فہرست میں آسامی، اڑیا اور جنگلی قبیلوں کے علاوہ پورے ملک کی تقسیم ہو جاتی ہے، ان میں بھی انڈو آرین زبانیں باہم بہت قریبی رشتہ رکھتی ہیں اور ہندوستان کے شمال، مشرق، وسط، اور مغرب میں پھیلی ہوئی ہیں۔ دکن کی دراوڑی زبانیں مختلف ہیں، تاہم ان پر سنسکرت کا بڑا اثر ہے اور سنسکرت کے بہتیرے الفاظ ان میں مل گئے ہیں۔

حسب بیان بالا آٹھ بڑی بڑی زبانوں کے ادب بیش بہا اور قدیم ہیں۔ ان میں سے ہر ایک بہت بڑے علاقے میں پھیلی ہوئی ہے جس کے حدود متعین و مخصوص ہیں، بولنے والوں کی تعداد کے نقطہ نظر سے ان زبانوں کی گنتی دنیا کی بڑی زبانوں میں ہو سکتی ہے۔

پانچ کروڑ آدمی بنگالی بولتے ہیں اور ہندوستان کی مختلف اقسام کے بولنے والوں کی تعداد (میرے پاس صحیح نہیں ہے) میرے خیال میں ۱۴ کروڑ سے کم نہیں۔ علاوہ بریں پورے ملک میں اس کے سمجھنے والے ان گنت ہیں، ظاہر ہے کہ ایسی زبان کے فروغ کے وسیع امکانات ہیں۔ سنسکرت پر اس کی بنیاد ہے۔ فارسی سے اس کا قریبی رشتہ ہے یعنی وہ دو مخزنوں سے مدد حاصل کر سکتی ہے اور اب تو اس نے انگریزی زبان سے بھی ناتا جوڑنا شروع کر دیا ہے۔

دکن کے دراڈری صوبے ہی ایسے ہیں جہاں اس زبان کی حیثیت غیر ملکی ہے۔ مگر وہاں کے باشندے بھی اسے سیکھنے کی دل و جان سے سعی کر رہے ہیں۔ ۳۲ء میں میں نے ایک سبھا کی رپورٹ دیکھی تھی جو دکن میں ہندی پرچار کا کام کر رہی ہے، اس کے قیام کے چودہ سال بعد تک صرف صوبہ مدراس میں اس نے ساڑھے پانچ لاکھ آدمیوں کو ہندی سکھا دی تھی۔ ایک غیر سرکاری ادارے کی یہ سعی بلیغ قابل ذکر ہے۔ جو لوگ ہندی سیکھتے ہیں ان میں سے اکثر اس مقصد کے مبلغ بن جاتے ہیں۔

مجھے اس کا یقین ہے کہ "ہندوستانی" اس ملک کی عام زبان ہو کر رہے گی۔ سچ تو یہ ہے کہ معمول کا کام کاج میں آج بھی اس کی حیثیت یہی ہے۔ اس کی ترقی میں دو احمقانہ مباحث حائل ہو گئے ہیں۔

ایک تو ناگری اور فارسی رسم خط کا سوال اور دوسرے فارسی یا سنسکرت الفاظ کی بھرمار کی غلط تحریک۔

رسم خط کی مشکل کا کوئی حل سمجھ میں نہیں آتا۔ کیونکہ اس کا نام آتے ہی آتش غضب بھڑک اٹھتی ہے۔ یہی ہو سکتا ہے کہ سرکاری طور پر دونوں کو تسلیم کر لیا جائے اور لوگوں کو دونوں کے استعمال کی اجازت دی جائے لیکن انتہا پسند رجحانوں کو روکنے اور بول

چال کی زبان کی نہج پر کوئی درمیانی ادبی زبان بنانے کی جد و جہد جاری رکھنا ضروری ہے۔ عام تعلیم کے بعد یہی ہو کر رہے گا اس وقت کو متوسط طبقے کے وہ تھوڑے سے لوگ جو ادبی ذوق و اسلوب کے سرپنچ بنے ہوئے ہیں، بہت ہی تنگ خیال اور اپنے اپنے دائرے میں سخت رجعت پرور ہیں، فرسودہ اور بے جان طرزوں سے وہ جونک کی طرح چمٹے ہوئے ہیں اور ادب عالم یا اپنے ہاں کے عوام سے ان کا تعلق برائے نام ہے۔

"ہندوستانی" کی اٹھان اور پھیلاؤ کے معنی یہ نہیں کہ وہ بنگالی، گجراتی، مرہٹی اور دکن کی دراوڑی زبانوں کے رواج اور فروغ میں سد راہ بنے۔ ان میں سے بعض تو ہندوستانی سے زیادہ بیزار اور علمی اعتبار سے زیادہ باخبر ہیں۔ اپنے اپنے علاقوں میں وہ تعلیم اور دوسرے کاموں کے لئے سرکاری زبانیں تسلیم کی جائیں گی۔ صرف ان ہی کی وساطت سے عوام میں تہذیب اور تعلیم کی روشنی جلد پھیل سکتی ہے۔ کچھ لوگ تصور کرتے ہیں کہ انگریزی بھی ہندوستان کی قومی زبان ہو سکتی ہے۔ طبقہ اعلیٰ کے مٹھی بھر عالموں کا ذکر نہیں ہے ورنہ مجھے تو یہ تصور بالکل خیال معلوم ہوتا ہے۔ تعلیم عامہ اور تہذیب کے مسائل سے اس کا کوئی تعلق نہیں ہے، یہ ممکن ہے کہ صنعتی، علمی اور کاروباری امور میں اور خصوصاً بین الاقوامی تعلقات کے لئے رفتہ رفتہ انگریزی کا استعمال بڑھتا جائے گا۔

ایک حد تک آج بھی یہی معاملہ ہے افکار و اشغالِ عالم سے باخبر رہنے کے لئے ہم میں سے بعض کو بیرونی زبانوں کا علم لازمی طور پر حاصل کرنا ہوگا۔ اور میں تو یہ چاہتا ہوں کہ ہماری یونیورسٹیاں انگریزی کے علاوہ فرینچ، جرمن، روسی اسپینی اور اطالوی کی تعلیم کا بھی انتظام کریں۔ اس سے یہ مطلب نہیں کہ انگریزی سے کنارہ کشی اختیار کی جائے لیکن اگر دنیا کے متعلق صحیح توازن قائم کرنا ہے، تو محض انگریزی عینکوں سے کام نہ چلے گا۔

صرف ایک پہلو اور ایک نظریے پر ارتکاز کی وجہ سے ہماری ذہنیت بہت کچھ یک رخی ہو چکی ہے اور ہمارے سخت سے سخت قوم پرست بھی اس کا اندازہ نہیں لگا سکتے کہ ہندوستان کے متعلق برطانوی نقطہ نظر نے ان کے زاویہ نگاہ کو کس قدر محدود اور مسخ کر دیا ہے؟

دوسری غیر زبانوں کی تحصیل کی ہم کتنی ہی ترغیب کیوں نہ دیں مگر بیرونی دنیا سے ہمارے واسطے کا سب سے اہم ذریعہ انگریزی زبان ہی ہوگی۔ ایسا ہونا بھی چاہئے، ایک مدت سے ہم انگریزی سیکھنے کا جتن کر رہے ہیں اور اس سعی میں ہمیں بڑی حد تک کامیابی بھی ہوئی ہے، سارے کئے دھرے پر پانی پھیرنے اور اس طویل تربیت سے فائدہ نہ اٹھانے کا خیال سراسر احمقانہ ہے۔ بلا شبہ انگریزی دنیا کی اہم اور مقبول زبان ہے اور وہ تیزی سے دوسری زبانوں سے آگے بڑھ رہی ہے اور وہ دنیا میں بین الاقوامی بھرما اور نشر لاسلکی کا ذریعہ ہوتی جاتی ہے۔ یہ دیکھنا کہ 'امریکن' اس کا نمبر نہ چھین لے اس لئے ہمیں انگریزی زبان کی اشاعت کرنا چاہئے، اس پر جتنا عبور حاصل کیا جائے، اچھا ہی ہے لیکن مجھے ہرگز پسند نہیں ہے کہ اس زبان کی نزاکتیں اور باریکیاں سمجھنے میں بہت زیادہ وقت اور ذہانت ضائع کی جائے۔ اکے دکے آدمی ایسا کیا کریں گے مگر اسے ایک عام مقصد بنا دینے کا مطلب یہ ہے کہ لوگوں پر فضول بار لادا جائے اور انہیں دوسرے کاموں میں ترقی حاصل کرنے سے روکا جائے۔

بنیادی انگریزی (BASIC ENGLISH) کی طرف اب میں بہت توجہ کرنے لگا ہوں اور میری رائے یہ ہے کہ یہ غیر معمولی سہولت جو زبان میں پیدا کی گئی ہے اس کا مستقبل امید افزا ہے۔ بہتر تو یہ ہے کہ ہم بڑے پیمانے پر بنیادی انگریزی کی اشاعت شروع کر دیں اور معیاری انگریزی کو ماہروں اور شوقین طلبہ کے لیے چھوڑ دیں۔ میں ذاتی طور پر یہ پسند کروں گا کہ ہندوستانی دوسری غیر ملکی زبانوں اور انگریزی کے الفاظ کو

طرز عمل قابل رحم ہے کیونکہ یہ صلاحیت کی بربادی کے سوا کچھ نہیں۔ ہندی ادب کا ماضی شاندار رہے مگر وہ اپنی ماضی کے بوتے ہمیشہ زندہ نہیں رہ سکتا۔ مجھے یقین ہے کہ اس کا مستقبل روشن ہے اور ہندی اخبار نویس اس ملک کی قابل قدر طاقت ثابت ہوگی، لیکن اس وقت تک ان کی ترقی محال ہے، جب تک فرسودہ پابندیوں سے آزاد نہ ہو جائیں اور جرات کر کے عوام کو اپنا مخاطب نہ بنائیں۔

حوالہ (ا) : یہ واقعہ پنڈت جی کی بہن کی شادی کا ہے۔

ماخوذ از رسالہ: نقوش (ادبی معرکے نمبر، حصہ اول)، ۱۲۷واں شمارہ، ستمبر ۱۹۸۱،
بابِ اول: زبان کے نام پر معرکے

Urdu & Devnagri script. Essay: Jawaharlal Nehru

***

۷

زندہ دلان حیدرآباد کی تاریخ : اداریہ شگوفہ جون ۲۰۱۹

ڈاکٹر مصطفیٰ کمال

ماہنامہ رسالے "شگوفہ" کا درج ذیل اداریہ (شمارہ: جون ۲۰۱۹)، ایک تاریخی اداریہ ہے۔
اس میں زندہ دلانِ حیدرآباد کی وہ مستند تاریخ بیان کی گئی ہے جسے ڈاکٹر مصطفیٰ کمال صاحب نے خود تحریر کیا ہے۔ چونکہ ڈاکٹر صاحب بانیانِ زندہ دلان میں سرِ فہرست ہیں اس لئے لمحۂ قیام سے لے کر آج تک جو کچھ ہوا اور ہو رہا ہے وہی اس کے شاہد بھی ہیں۔

اس امکان کو رد نہیں کیا جا سکتا کہ مستقبل میں کئی افراد منظر عام پر وارد ہوں گے اور مختلف دعوے کریں گے (جیسا کہ حال میں کچھ لوگ کر بھی رہے ہیں)۔

اس لئے ایسے بے بنیاد دعوؤں کی حقیقت بے نقاب کرنے کیلئے ڈاکٹر مصطفیٰ کمال صاحب نے پوری تاریخ رقم کر دی ہے۔ یہ سلسلہ ابھی جاری رہے گا۔ دلچسپی رکھنے والے قارئین کیلئے یہ ایک تاریخی تحریر ہے جسے محفوظ کر لینے کی ضرورت ہے۔

ماخوذ : زندہ دلان فیس بک گروپ

غیر منقسم پنجاب کے شہر لاہور میں بسنے والے خوش مزاج، شوخ و طرار بذلہ سنج ادب دوست شہریوں کو زندہ دلان لاہور کہا جاتا تھا۔ یہ کس کی اختراع ہے اس تعلق سے کئی روایتیں ہیں۔ لوگ بڑی خوش دلی سے یہ اعزاز عطا کرتے یا قبول کرتے تھے لیکن لاہور کے کسی ادارے کو اس نام سے کبھی موسوم نہیں کیا گیا۔

آل انڈیا ریڈیو حیدرآباد کے پروڈیوسر قاضی عیاذ انصاری نے پہلی بار ایک مزاحیہ مشاعرہ ۱۹۶۱ء میں زندہ دلان حیدرآباد کے عنوان سے سامعین کی موجودگی میں ریڈیو سے نشر کیا۔ جو اپنی انفرادیت اور انوکھے پن کی وجہ سے بے حد پسند کیا گیا۔ ان دنوں حیدرآباد میں ڈرامہ، موسیقی اور مزاحیہ خاکے، ممکری وغیرہ کے فروغ کے لیے ایک انجمن فائن آرٹس اکیڈیمی سرگرم عمل تھی اور اسے مابعد پولیس ایکشن ناموافق اور سرد ماحول میں بے حد مقبولیت حاصل ہوگئی تھی۔

اکیڈیمی کا ایک ادبی شعبہ تھا جسے زندہ دلان حیدرآباد کے نام سے موسوم کر دیا گیا۔ جب کہ اس ادارے کے تمام ارکان زندہ دلی کے مظاہروں میں یکتا ہیں۔ اکیڈیمی کے ادبی شعبے کی سرگرمیوں میں مزاحیہ شعری محفلوں کا انعقاد خاص طور سے شامل تھا۔ فائن آرٹس اکیڈیمی (تشکیل ۱۹۵۳ء) کے ارکان نے کسی ایک شخص کی ادارے کے بانی کی حیثیت سے نشان دہی نہیں کی اور متفقہ خیال تھا کہ فائن آرٹس اکیڈیمی کی تشکیل کے موقع پر جو سینئیر اور فعال ارکان تنظیمی کاموں میں مشغول تھے وہی اس اکیڈیمی کے بانی کہلائیں گے۔ میں نے ۱۹۶۶ء میں روزنامہ رہنمائے دکن اور سیاست کے لیے سینئیر ارکان سے گفتگو کے بعد ان اداروں کا تعارف قلم بند کیا تھا جو بعد میں اختصار کے ساتھ شگوفہ (اپریل، مئی ۱۹۷۱ء) کے شمارے میں بھی شایع ہوا۔ اکیڈیمی کے ارکان میں بانی کے طور پر کسی ایک رکن کی عزت افزائی کے سلسلے میں سخت اختلاف تھا، اراکین نے بہ اصرار کہا تھا کہ تمام سینئیر اور فعال ارکان نے فائن آرٹس اکیڈیمی کی تشکیل میں حصہ لیا ہے۔

فائن آرٹس اکیڈیمی کے قدیم ارکان میں عزیز قیسی، اقبال قریشی، حمایت اللہ، ممتاز احمد، احمد رضوی، خورشید باورا، ایم اے رشید، سعید احمد اشرفین، سعید الحسن، مصطفی علی

بیگ، مجید مقبول، قمر الدین احمد خاں، صفدر حسین، عبدالصمد خاں، محمد یوسف اور سعادت علی خاں کے نام مجھے یاد ہیں۔

عزیز قیسی نے مدیر شگوفہ کے نام ایک مراسلے میں لکھا تھا کہ:

"میرا تعلق فائن آرٹس اکیڈیمی سے اس کے آغاز سے ہی رہا۔ یوں بھی کہا جاسکتا ہے کہ فائن آرٹس اکیڈیمی کے بنیاد کا پتھر رکھنے والے ہاتھوں میں میرا ہاتھ بھی تھا"۔

وہ زندہ دلان حیدرآباد کے بارے میں لکھتے ہیں:

"اکیڈیمی کے سرکردہ حضرات نے جس میں محمد حمایت اللہ کے ساتھ میں بھی شامل ہوں، اکیڈیمی کے ایک ادبی شعبے کے قیام کا منصوبہ بنایا۔۔

"اکیڈیمی کی جس میٹنگ میں ادبی شعبے کا نام زندہ دلان حیدرآباد رکھا گیا اس کی صدارت سینئیر مزاحیہ شاعر (جو اکیڈیمی کے نام سے برسوں پہلے سے مزاح اور طنز کی شاعری میں اپنا نام اور مقام بنا چکے تھے) علی صائب میاں کرنے والے تھے وہ کسی وجہ سے نہیں آسکے اور مجھے اس میٹنگ کی صدارت کرنی پڑی۔ اس میٹنگ میں ممتاز احمد، سرور ڈنڈا، س۔ ا۔ عشرت، رگھو بنسی نرمل، خواجہ بدیع الدین ماجد، مجید مقبول، حمایت اللہ، سعادت علی خاں، قمر الدین خاں، مصطفی علی بیگ، ولی محمد آرٹسٹ شریک تھے"۔

(دے کے خط، مطبوعہ اپریل ۱۹۹۲ء)

فائن آرٹس اکیڈیمی مقامی سطح کے مشاعرے وقتاً فوقتاً منعقد کرتی رہی ہے۔ کل ہند صنعتی نمائش کے موقع پر بھی نمائش تھیٹر پر مشاعرہ منعقد کیا جاتا تھا۔ ۶ / نومبر ۱۹۶۳ء کو نمائش میں اور ۴ / نومبر ۱۹۶۵ء کو رویندر ابھارتی اور ۱۱ / نومبر ۱۹۶۸ء کو گاندھی بھون میں بڑے اہتمام کے ساتھ مشاعرے منعقد کئے گئے۔ اکیڈیمی نے زندہ دلان حیدرآباد کے نام سے چار سالانہ ریاستی سطح کے مشاعرے ۱۹۶۲، ۱۹۶۳، ۱۹۶۴ اور ۱۹۶۵ء میں

منعقد کیے۔ اردو ہال حمایت نگر میں منعقدہ ریاستی سطح کے اولین مشاعرے کا افتتاح نریندر لوتھرنے کیا تھا، جو ان دنوں ڈائرکٹر محکمہ تعلقات عامہ تھے۔ شعبۂ ادب کے داعیان رگھوبنسی نرمل اور ببن لال یادو تھے۔ ۱۷/مارچ ۱۹۶۲ء کو منعقدہ اس مشاعرے میں سلیمان خطیب، حمایت اللہ، سرور ڈنڈا، مصطفی علی بیگ، مسافر نلگنڈوی، گستاخ، سرپٹ حیدرآبادی، احمد اللہ قادری، فرید گردہ، گڑبڑ حیدرآبادی اور بدیع الدین ساجد، عبدالصمد خاں، ظریف حیدرآبادی، فریس، نصرت نے کلام سنایا۔

تاہم اس مشاعرے سے قبل چھوٹے پیمانہ پر بھی مزاحیہ مشاعرے منعقد ہوتے رہے۔ مزاحیہ مشاعروں کے تعلق سے اردو روزناموں کے مطبوعہ اشتہارات اور دعوت ناموں وغیرہ سے اندازہ ہوتا ہے کہ مشاعرے فائن آرٹس اکیڈیمی کے زیر اہتمام منعقد ہوتے تھے اور مشاعرے کو مستقلاً زندہ دلان حیدرآباد کا عنوان دیا جاتا تھا۔ گویا یہ بالکل ریڈیو کے مزاحیہ مشاعرے کی اتباع تھی۔ اخباروں نے لکھا کہ:

"حیدرآباد میں اب تک اتنا بڑا مزاحیہ مشاعرہ منعقد نہیں ہوا تھا"۔

مزاحیہ مشاعروں کے انعقاد کے موقع پر شعرا کی کمی کے باعث دو ایک ناشاعر فن کاروں کو کلام فراہم کیا جاتا اور وہ مشاعرے میں بڑی آن بان، اعلی شاعروں سے زیادہ اعتماد اور فن کارانہ انداز میں یوں کلام سناتے کہ اصلی شاعر اپنے کلام کی "ملکیت" سے دست بردار ہو جانے میں عافیت محسوس کرتے تھے!۔ اصلاح شعر کے کام رگھوبنسی نرمل انجام دیتے تھے۔ مزاحیہ مشاعروں کی ابتدائی شہرت کے متوازی اس دور میں مجتبیٰ حسین روزنامہ سیاست کے فکاہی کالم شیشہ و تیشہ لکھ رہے تھے اور ادبی حلقوں میں تیزی کے ساتھ متعارف ہو رہے تھے۔ انہوں نے ۱۹۶۶ء کے آغاز پر ایک ادبی ادارے حلقہ ارباب ذوق کے معتمد حفیظ قیصر کے ساتھ مل کر طنز و مزاح نگاروں کی کل ہند کانفرنس

کے انعقاد کا اعلان کیا۔ فیصلے کے دو ایک مہینوں کے بعد انہیں خیال ہوا کہ حلقہ ارباب ذوق کے مقابلے میں زندہ دلان حیدرآباد موزوں اور پر کشش نام ہے اور فائن آرٹس اکیڈیمی کے تجربہ کار فن کاروں کی مدد سے تقاریب کو کامیاب بنایا جاسکتا۔ چنانچہ ایک مشترکہ میٹنگ میں فیصلہ ہوا کہ ۱۴ اور ۱۵/ مئی ۱۹۶۶ء کو مزاح نگاروں کی کل ہند کانفرنس زندہ دلان حیدرآباد کے زیر اہتمام منعقد ہو گی۔ بھارت چند کھنہ کی صدارت میں استقبالیہ کمیٹی تشکیل دی گئی۔ سیاست، رہنمائے دکن اور ملاپ کے مدیر نائب صدور، مجتبیٰ حسین معتمد عمومی، حمایت اللہ اور حفیظ قیصر نائب معتمد، رحیم خاں خازن اور مصطفی کمال آفس سکریٹری منتخب ہوئے۔

طے ہوا کہ افتتاحی جلسہ، ادبی اجلاس، سمپوزیم اور بزنس سیشن کا انعقاد حلقۂ ارباب ذوق کے ذمے ہو گا۔ ناصر کرنولی، مصطفی کمال اور حفیظ قیصر کی ادارت میں ایک سوویز شایع ہو گا جس کے لیے حاصل کئے جانے والے اشتہارات کی رقم سے اخراجات کی پابجائی ہو گی۔ کل ہند مزاحیہ مشاعرہ کے انعقاد اور آمدنی و خرچ کی مکمل ذمہ داری فائن آرٹس اکیڈیمی کو دی گئی۔ کانفرنس بے حد کامیاب ہوئی۔ مشاعرے سے فائن آرٹس اکیڈیمی کو کافی آمدنی ہوئی جب کہ حلقۂ ارباب ذوق کوئی مالی فائدہ حاصل نہ کر سکا۔

مزاح نگاروں کی کانفرنس کے بعد حلقۂ ارباب ذوق نے زندہ دلان حیدرآباد سے دوری اختیار کرتے ہوئے اپنے طور پر دو روزہ "جشن مزاح" کے انعقاد کا فیصلہ کیا۔ مجتبیٰ حسین استقبالیہ کمیٹی کے معتمد عمومی مقرر ہوئے۔ طے ہوا کہ ۱۲ اور ۱۳/ اگست ۱۹۶۷ء کو اس جشن کا گاندھی بھون میں انعقاد ہو گا۔ ان حالات میں فائن آرٹس اکیڈیمی نے اپنے طور پر ۲۰/ مئی ۱۹۶۷ء کو زندہ دلان حیدرآباد کا دوسرا کل ہند مزاحیہ مشاعرہ منعقد کر لیا۔ اس موقع پر ایک خوب صورت سوویز بھی شایع ہوا۔

طنز و مزاح نگاروں کی کانفرنس کے انعقاد سے میل ملاپ کا جو ماحول پیدا ہوا تھا۔ اس پر "جشن مزاح" نے کاری ضرب لگائی۔ کشیدگی اور دوریاں بڑھتی گئیں لیکن حالات کو سازگار بنانے کے لیے میں نے اکیڈیمی کے ادبی شعبہ کی ایک اڈھاک کمیٹی تشکیل دینے کی رائے دی جس کی معتمدی کے لیے مجتبیٰ حسین کو راضی کر لیا گیا۔ جناب بھارت چند کھنہ کمیٹی کے صدر اور جناب نریندر لوتھر نائب صدر تھے۔ ۱۹۶۸ء میں بڑے پیمانے پر تقاریب کا اہتمام کیا گیا۔ زندہ دلان حیدرآباد کی جانب سے طنز و مزاح کے دو اعلیٰ معیاری شعری مجموعے "نشتر و مرہم" (مجموعہ کلام رضا نقوی واہی) اور "گھو کرو کے کانٹے" (مجموعہ کلام علی صائب میاں) خوب صورت کتابت و طباعت سے آراستہ شایع کیے گئے۔

مطبوعات زندہ دلان حیدرآباد کی اشاعت کا شاندار پیمانے پر آغاز ہوا۔ پروفیسر مسعود حسین خاں نے کتابوں کی رسم اجرا کے جلسے کی صدارت کی۔ میری نگرانی میں اس پروجکٹ کا آغاز ہوا۔ طنزیہ و مزاحیہ کتابوں کی اشاعت اور نکاسی کا ایک نیا ماحول تیار ہوا۔ لیکن تلنگانہ تحریک کی شدت کے باعث پولیس نے ۱۹۶۹، ۱۹۷۰، ۱۹۷۱ء میں جلسوں اور کانفرنس کے انعقاد کی اجازت نہیں دی۔ ۱۹۷۲ء میں مجتبیٰ حسین دلی روانہ ہو گئے۔ حلقہ ارباب ذوق کے معتمد عمومی حفیظ قیصر بھی بیرون ملک میں جا بسے۔

یکم نومبر ۱۹۶۸ء میں میری ادارت میں دیڑھ ماہی "شگوفہ" کا پہلا شمارہ شایع ہوا۔ اس کے لیے فائن آرٹس اکیڈیمی کے سینئیر ارکان کی دستخطوں کے ساتھ ایک معاہدہ طئے پایا تھا جس کے بموجب ایڈیٹر، پرنٹر، پبلیشر مصطفیٰ کمال کی ملکیت میں شایع ہونے والے رسالہ شگوفہ زندہ دلان حیدرآباد کا ترجمان ہو گا۔ ۱۹۷۳ء کے منظورہ قواعد و ضوابط میں اس معاہدہ کو ایک دفعہ کی صورت میں شریک کر لیا گیا۔

"جشن مزاح" گو کہ بڑے پیمانے پر منعقد ہوا لیکن اس جشن نے اردو طنز و مزاح کے فروغ کے لیے مل جل کر کام کرنے والوں کی پر خلوص متحدہ کوششوں کو سخت دھکا پہنچایا۔ تاہم زندہ دلان حیدرآباد کی سالانہ تقریبات بڑے اہتمام اور ڈسپلن کے ساتھ منعقد ہونے لگیں۔ حمایت بھائی اور فائن آرٹس اکیڈیمی کے دیگر سینئیر ارکان کو میں نے اس امر پر راضی کرلیا کہ ادبی شعبے زندہ دلان حیدرآباد کو آزادانہ حیثیت دے دی جائے۔ اور فائن آرٹس کے موجودہ ارکان کے ساتھ طنز و مزاح نگاروں کو اس تنظیم میں شریک کیا جائے۔

اس ضمن میں ایک کمیٹی تشکیل دی گئی جس کے کنوینر موسیٰ کلیم برق آشیانوی تھے ۔ فائن آرٹس اکیڈیمی کے نائب صدر اور سابق مجسٹریٹ و ایڈوکیٹ دنیش چندر شاہ کی مدد سے قواعد وضوابط تیار کیے گئے اور ۱۰/ جنوری ۱۹۶۲ء کو فائن آرٹس اکیڈیمی کی ایک قرار داد کے تحت تشکیل پائے ادبی شعبہ "زندہ دلان حیدرآباد" کو پبلک سوسائٹیز رجسٹریشن ایکٹ کے تحت رگھوبنسی نرمل، مصطفی کمال، سعادت علی خاں، ممتاز احمد اور حمایت اللہ کی تجویز اور وٹھل راؤ اور اسمعیل کی گواہی پر بہ طور ایک آزاد سوسائٹی ۱۹۷۳ء میں (No. ۱۴۸/۱۹۷۳) رجسٹر کرلیا گیا۔

جس کے ساتھ ہی ادارہ زندہ دلان حیدرآباد کا نیا سفر شروع ہوا۔

ماخوذ از رسالہ: ماہنامہ 'شگوفہ'، شمارہ: جون-۲۰۱۹

The history of Zinda Dilaan Hyderabad. By: Dr. Mustafa Kamal

***

۸

مزاح نگاروں کے سفرنامے

ڈاکٹر انور سدید

سفری مشاہدے میں وہ زاویہ نظر بہت اہمیت رکھتا ہے جس سے سیاح یا مسافر کائنات اور مظاہر حیات کو دیکھتا ہے۔ یہی زاویہ نظر جب سفر نامے میں منتقل ہوتا ہے تو سفر نامہ نگار کے شعور اور رویے اور اس کی شخصیت کا عکاس بن جاتا ہے۔ سنجیدگی کو کائنات کے ہر عمل میں فوقیت حاصل ہے۔ لیکن یہی سنجیدگی جب ضرورت سے بڑھ جائے تو یہ مشینیہ قسم کی فضا کو فروغ دیتی اور زندگی کو بے رنگ کر دیتی ہے۔ وزیر آغا نے لکھا ہے کہ:

"قدرت نے انسان کو ایک ایسی نعمت بھی بخشی ہے جس سے کام لے کر وہ خوفناک سنجیدگی اور زندگی کی صبر آزما کشمکش پر ہنس سکتا ہے اور یوں مسکرا کر بلکہ قہقہہ لگا کر اپنی اس دیوانہ وار پیش قدمی میں دھیما پن پیدا کر سکتا ہے جو زندگی کے تیز بہاؤ سے ہم آہنگ ہے۔"

ڈاکٹر وحید قریشی کے خیال میں:

"ہنسنا انسانی فطرت کا خاصا ہے۔۔ یہ ایک ذہنی رویہ ہے جس میں لذت، سرخوشی، مسرت اور انبساط پایا جاتا ہے۔۔ ہنس مکھ ایسے آدمی کو کہتے ہیں جس کا چہرہ شگفتہ اور

مسکرات ہوا نظر آئے۔ بہجت کی نفسی کیفیت کو جب خارجی شکل و صورت ملتی ہے تو اسے ہنسی مسکراہٹ، خندہ زیر لب۔۔ کے طور پر پہچانا جاتا ہے۔

سفر نامہ بھی بظاہر ایک سنجیدہ تخلیقی عمل ہے لیکن اس میں ہر سفر نامہ نگار ذہنی رویے کے اعتبار سے دوسرے سفر نامہ نگاروں سے مختلف نظر آتا ہے۔ چنانچہ سفر نامہ نگار اگر زندگی کو ہموار، معتدل اور متوازن نظر سے دیکھے تو ایک سنجیدہ سفر نامہ تخلیق ہوتا ہے لیکن اگر وہ زندگی کی ناہمواریوں کا احاطہ کرتا اور انہیں معکوسی نظر سے دیکھتا اور زندگی کی حماقتوں اور بوالعجبیوں میں خود بھی شریک ہو جاتا ہے تو سفر نامہ مزاحیہ صورت اختیار کر جاتا ہے۔ دوسری طرف اگر سفر نامہ نگار حقیقت و مظاہر کو بلند سطح اور استہزائیہ نظر سے غیر ہمدردانہ انداز میں دیکھتا ہے تو سفر نامے میں طنز اور زہرناکی پیدا ہو جاتی ہے۔

اردو ادب میں بیشتر سفر نامے سیاح یا مسافر کی سنجیدہ فکری ہی کے عکاس ہیں۔ اور یہ زندگی کو ہمدردانہ شعور سے پیش کرتے ہیں لیکن اس حقیقت سے بھی انکار ممکن نہیں کہ سفر کے دوران پیدا ہونیوالی حیرت، نئی سرزمینوں سے ملاقات اور ان سے وجود میں آنے والی مسرت نادیدہ کو دیکھ لینے کی بہجت جب شگفتہ صورت اختیار کر لیتی ہے تو اکثر اوقات لطیف و شائستہ مزاح کو بھی جنم دے ڈالتی ہے، دوسری طرف جب قدیم جدید یا مغرب اور مشرق کی اقدار کے موازنے سے تحقیر یا افتخار کا جذبہ پیدا ہوتا ہے تو سفر نامے میں بے ساختہ طنز بھی شامل ہو جاتی ہے۔ چنانچہ بعض سفر نامہ نگاروں نے اس عمل سے زہر خند اور احساس ملال کی صورت پیدا کی ہے۔ بعض نے ذہنی تفریح کے لئے طائف کا سہارا لیا اور بعض نے مزاح کی فطری تخلیق سے سنجیدہ فضا میں ستاروں جیسی ٹمٹماہٹ پیدا کر دی ہے۔ اس قسم کے عمل نے سفر نامے کی خوفناک سنجیدگی کو بے رنگ اور پیوست سے بچایا اور معنویت کو پھول کی طرح تر و تازہ کرنے میں مدد دی ہے۔ لیکن واضح رہے

کہ اس قسم کے سفر ناموں میں بنیادی مقصد حوادث و حالات سفر اور کوائف و تاثرات سفر پیش کرنا ہی تھا، مزاح یا طنز کی شمولیت محض اتفاقی اور بے ساختہ تھی اور یہ مقصود بالذات نظر نہیں آتی۔ یہی وجہ ہے کہ اس کی مقدار کھانے میں نمک کی مقدار سے زیادہ نظر نہیں آتی۔ چند مثالیں حسب ذیل ہیں:

"اجنبی اپنے دیس میں۔" شوکت علی شاہ

" صبح سو کر اٹھا تو طبیعت ہشاش بشاش تھی۔ فقیر محمد چائے بنا کر لایا جب میں نے پہلا گھونٹ حلق سے اتارا تو ذائقہ مختلف پایا۔ میں نے پیالی رکھ دی۔ فقیر محمد میری پریشانی کو بھانپتے ہوئے بولا۔ "صاحب! بے تکلف چائے پیجیے، خالص بکری کا دودھ ہے۔"

"لاہور سے لندن تک۔" ڈاکٹر محمد باقر

"مسٹر بے تاب کی ایک آنکھ کی بصارت میں کچھ نقص تھا۔ انہوں نے سب سے پہلے لڑکی کا ہاتھ تھاما اور اسے گھسیٹتے ہوئے دروازے کی مخالف سمت میں دوڑے اور جہاں آئینے میں دروازے کا عکس پڑ رہا تھا۔ وہاں دیوار سے ٹکرا گئے، اس پر لڑکیاں اور ہم کھکھلا کر ہنسنے لگے۔ دوسرے لوگوں نے اسے بتایا کہ کمرے میں دروازہ صرف ایک ہی ہے۔"

"چین کی حقیقتیں اور افسانے۔" ڈاکٹر وحید قریشی۔

"عام چینی ہر وقت جنرل ماؤ کی تحریروں کا کوئی نہ کوئی چھوٹا مجموعہ اپنی جیب میں رکھتا ہے۔ اگر خاطر غزنوی کی باتوں پر اعتبار کیا جائے تو یہ تصویر سامنے آتی ہے کہ اپنے قائد سے ان کی عقیدت کا یہ عالم ہے کہ اگر کسی ڈرائیور کی گاڑی رک جائے تو وہ اتر کر سب سے پہلے جنرل ماؤ کے کتابچے سے فال نکالتا ہے۔"

"ایک طویل ملاقات" وزیر آغا۔

"ہم دفتر پہنچ کر انتظار گاہ میں جا بیٹھے۔ وہاں رینو کے والد مکرجی پہلے ہی سے بیٹھے

تھے۔ ان سے ملاقات ہوئی، مکرجی بڑے ہنس مکھ انسان ہیں۔ انہوں نے اس روز گاندھی کیپ پہن رکھی تھی۔ راجہ مہدی علی خان نے اپنا منہ میرے کان کے قریب لے جا کر بتایا کہ مکرجی نے تازہ تازہ استرا سر پر پھرایا ہے (جو غالباً ہندو مذہب میں کسی قریبی عزیز کی موت پر ایک رسم کی حیثیت رکھتا ہے۔) اور اسے چھپانے کے لئے کانگریس پرستی کے عمل میں مبتلا ہیں۔"

"دیکھ لیا ایران۔" افضل حسین علوی

"کھانے اور کلاس کے بعد آقائے اعجاز کی صرف ایک ہی منزل ہوتی اور وہ اس کا بستر ہوتا۔ ہر دو کاموں سے فارغ ہونے کے بعد وہ صرف اتنا عرصہ ہی بستر سے جدا رہتا جتنا عرصہ اسے پتلون اور قمیض اتار کر تہمد باندھنے میں لگتا۔ اور پھر وہ ہوتا اور اس کا بستر۔ چت لیٹ کر زانو کھڑے رکھنا اس کا پسندیدہ پوز تھا، میں ہنستے ہوئے کہتا "ارے تو تو یوں لیٹا رہتا ہے جیسے کوئی زچہ ہو۔" مگر وہ اس پر بھی زچ نہ ہوتا۔"

واقعات کی اس قسم کی صورت مزاح سے زیادہ شگفتگی کی افزائش کرتی ہے اردو ادب میں ایسے سفر ناموں کی یقیناً کمی ہے جن حقیقت کو مزاح کے لبادے میں لپیٹ کر پیش کرنے کی شعوری کاوش کی گئی ہو، اور سفر کے مشاہدات تخلیقی مزاح کا وسیلہ ہوں اس ضمن میں شفیق الرحمن، ابن انشا اور کرنل محمد خان کو یہ اہمیت حاصل ہے کہ وہ زندگی کے بے حد خوش فکر ناظر ہیں اور وہ حقیقت کی پرت الٹنے کا حوصلہ بھی رکھتے ہیں۔ وہ کائنات پر اس طرح نظر دوڑاتے ہیں کہ مظاہر کائنات گدگدی کیفیت محسوس کرنے لگتے ہیں اور مسکراہٹیں ایک خود کار فوارے کی طرح ان کے باطن سے ابل پڑتی ہیں۔ یہ ادبا بنیادی طور پر مزاح نگار ہیں اور خندہ آور کیفیات کو ادبی شان سے پیش کرنے کا سلیقہ رکھتے ہیں۔ سفر کا بیان ان کی تخلیقی ضرورت بھی قرار دیا جا سکتا ہے، لیکن انہوں نے اس ضرورت

کے علی الرغم بنیادی اہمیت مزاح کی تخلیق کو دی ہے چنانچہ ان ادبا کے فن میں مزاح کی تخلیق مقصود بالذات بھی نظر آتی ہے اور سفر نگاری بھی مزاح ابھارنے کا ہی وسیلہ ہے۔ یہی وجہ ہے کہ وہ سفر نامہ نگاروں کی صف میں تو اجنبی نظر آتے ہیں اور مزاح نگاروں کی رو میں وہی میر مجلس معلوم ہوتے ہیں۔ ان کے سفر نامے نہ صرف مزاح کا عمدہ نمونہ پیش کرتے ہیں بلکہ ان سے ہی مزاحیہ سفر ناموں کا معیار فن متعین ہوتا ہے۔ ان ادبا کی سفر نامہ نگاری کا ذکر گزشتہ اوراق میں ہو چکا ہے لیکن اس باب میں ضروری معلوم ہوتا ہے کہ سفر نامے میں انہوں نے مزاح کے جو منفرد حربے استعمال کئے ہیں ان کا بالخصوص ذکر کیا جائے۔

ماخوذ از کتاب: اردو ادب میں سفر نامہ۔ مصنف: ڈاکٹر انور سدید (اشاعت: اگست ۱۹۸۷)

Travelogue of humorous urdu writers.

***

۹

پروفیسر احتشام حسین - ایک استاد نقاد اور انسان

ڈاکٹر خلیق انجم

احتشام صاحب نے ایک استاد، ایک نقاد اور انسان کی حیثیت سے کم سے کم دو نسلوں کی ذہنی تربیت کی ہے۔ اگر استاد اور شاگردی کے رشتے کے لئے کلاس روم کا ہونا ضروری ہے تو میں ان کا شاگرد نہیں ہوں لیکن اگر اس رشتے سے مراد زندگی میں رہنمائی اور ذہنی تربیت ہے تو وہ میرے مشفق استاد تھے۔ میں نے جو کچھ حاصل کیا ہے اور جو کچھ برا بھلا لکھا ہے اس میں بالواسطہ طور پر احتشام صاحب کی رہنمائی اور حوصلہ افزائی کو بھی خاصا دخل ہے۔

میں طالب علمی ہی کے زمانے سے احتشام صاحب کو پڑھ رہا تھا۔ نقاد کی حیثیت سے جن لوگوں نے مجھے غیر معمولی طور سے متاثر کیا ان میں احتشام صاحب کا نام سر فہرست ہے۔ میں لیکچرر ہو چکا تھا اور میری دو کتابیں شائع ہو چکی تھیں۔ جب پہلی بار دہلی میں ان سے میری ملاقات ہوئی یہ ۱۹۵۹ء کے اواخر کی بات ہے۔ احتشام صاحب دلی یونیورسٹی کے شعبہ اردو میں تشریف لائے۔ وہاں شعبہ کے تمام اساتذہ اور طلبا موجود تھے۔ پروفیسر خواجہ احمد فاروقی نے احتشام صاحب سے میرا تعارف کرایا۔ اس محفل میں غالباً میں اکیلا ہی تھا جسے احتشام صاحب کے نیاز حاصل کرنے کا موقع پہلی بار ملا تھا۔ اس لئے

دوسروں کے مقابلے میں انہوں نے نہ صرف مجھے کچھ زیادہ ہی اہمیت دی بلکہ دوسرے دن ملاقات کی خواہش کا اظہار کیا۔ مجھے اور کیا چاہئے تھا۔ وہ میرے گھر سے بہت قریب اپنے بھائی خورشید صاحب کے یہاں ٹھہرے ہوئے تھے۔ میں وقت مقررہ پر پہنچ گیا مرحوم میرا ہی انتظار کر رہے تھے۔ میرے ساتھ اسلم پرویز بھی تھے۔ تقریباً تین گھنٹے ہم لوگ ان کی خدمت میں حاضر رہے۔

گفتگو کی ابتدا میری کتابوں سے ہوئی۔ انہوں نے غیر معمولی الفاظ میں میری ہمت افزائی کی اور کتابوں کی خوبیوں اور خرابیوں پر خاصی تفصیل سے روشنی ڈالی۔ حوصلہ افزائی کے خیال سے جب مرحوم خوبیاں بیان کرتے تو بعض اوقات ان کے لب و لہجے میں ہلکا سا مبالغہ بھی شامل ہو جاتا (معمولی معمولی کتابوں پر پیش لفظ لکھنے کی بھی یہی وجہ ہے) پیش لفظ پر ایک واقعہ یاد آگیا۔

ایک دفعہ انہوں نے کسی بالکل نئے نوجوان کے مجموعۂ کلام پر پیش لفظ لکھا۔ ایک تو کلام تیسرے چوتھے درجے کا اور پھر کتاب ایسی چھپی جیسے انیسویں صدی کی ابتدا میں چھپی ہو۔ ایسی واہیات کتاب پر احتشام صاحب کا نام بہت ناگوار گزرا۔ ملاقات ہوئی تو میں نے دبے لفظوں میں عرض کیا کہ ایسی کتابوں پر پیش لفظ آپ کے شایان شان نہیں۔ فرمانے لگے کہ ہر ادیب اور شاعر کو ابتدا میں تنقید کی نہیں حوصلہ افزائی کی ضرورت ہوتی ہے۔ اور حوصلہ افزائی کا یہ فریضہ بھی نقاد ہی کا کام ہے۔

بہرِ حال میں اپنی ملاقات کا ذکر کر رہا تھا۔ میں اس زمانے میں پی۔ ایچ ڈی کے لئے مرزا مظہر جان جاناں پر کام کر رہا تھا۔ مرحوم نے اس موضوع کے تنقیدی پہلوؤں پر اس تفصیل سے گفتگو کرنی شروع کی کہ میں نے ان کی میز پر سے کاغذ اٹھا کر نوٹس لینے شروع کر دیے۔ جو مقالہ لکھتے ہوئے میرے کام آئے۔

علم و ادب احتشام صاحب کی زندگی تھی۔ اکثر یہ ہوتا ہے کہ دو چار ادیب مل کر بیٹھے اور دوسروں کی غیبت شروع ہوئی۔ میں نے احتشام صاحب کو کبھی کسی کو بھلا برا کہتے نہیں دیکھا۔ جب کبھی زبانی یا تحریری طور پر وہ کسی سے اختلاف کرتے تو ہمیشہ اس رکھ رکھاؤ اور اس انداز کے ساتھ کہ کسی کو ناگوار نہ گزرتا۔ وہ کبھی معمولی سے معمولی ادیب یا نقاد کے بارے میں بھی سخت الفاظ استعمال نہیں کرتے تھے۔

احتشام صاحب دہلی صرف ایک دو دن کے لئے آتے تھے۔ اور یہاں ان کی غیر معمولی مصروفیات ہوتی تھیں۔ اس کے باوجود جب کوئی ادیب انہیں چائے پر مدعو کرتا تو وہ ضرور تشریف لے جاتے۔ اکثر ادیب انہیں دریا گنج کے امیر ریستوران میں بلاتے۔ چائے تو ایک بہانہ ہوتی اصل مقصد تو ادبی موضوعات پر گفتگو کرنا ہوتا۔ ریسٹوران میں کچھ ہی دیر میں ماحول کلاس روم کا بن جاتا۔ احتشام صاحب کسی موضوع پر گفتگو کر رہے ہیں اور ہم سب ہمہ تن گوش ہیں۔ اگر کسی کتاب کا ذکر آ جاتا تو مرحوم اس کی پوری تفصیل ضرور بیان کرتے۔ مصنف کا نام، کتاب کہاں سے چھپی ہے، کہاں سے مل سکتی ہے۔ دلچسپ بات یہ ہے کہ کتاب کا حوالہ دیتے ہوئے وہ اصل موضوع سے ہٹ کر اس کتاب اور اس کے مصنف کے بارے میں اس طرح محو گفتگو ہو جاتے کہ اصل موضوع غائب ہو جاتا۔ وہ خود کبھی نہ کہتے تھے کہ یہ کتاب پڑھو۔ لیکن اپنی گفتگو سے ہمیں اتنا شائق بنا دیتے کہ ہم میں سے کوئی شخص وہ کتاب ضرور لاتا۔ باری باری سب پڑھتے اور پھر آپس میں بحث و مباحثے ہوتے۔

میں جس زمانے میں "مرزا محمد رفیع سودا" لکھ رہا تھا تو مرحوم نے شروع سے آخر تک میری مدد کی بلکہ موضوع کا انتخاب بھی تقریباً انہیں کا تھا۔ میرے ذہن میں دو تین موضوعات تھے۔ احتشام صاحب سے ملاقات ہوئی تو میں نے ان کا ذکر کیا۔ انہوں نے

"مرزا سودا" پسند فرمایا۔ مواد اکٹھا کرنے میں انہوں نے میری کافی مدد کی۔ لکھنو میں تذکرہ "خوش معرکہ" کا قلمی نسخہ تھا۔ اس وقت تک یہ شائع نہیں ہوا تھا۔ اس کے متعلقہ اقتباسات اپنے شاگردوں سے نقل کرا کے انہوں نے ہی بھیجے تھے۔ اس دوران میں جب وہ دہلی آتے تو اس موضوع پر ضرور گفتگو کرتے۔ جب کتاب چھپ کر آئی اور میں نے ان کی خدمت میں پیش کی تو جس خوشی اور مسرت کے آثار ان کے چہرے پر تھے وہ اس سے پہلے میں نے کبھی نہیں دیکھے تھے۔

مرحوم مجھ سے غیر معمولی محبت کرتے تھے۔ اور ہمیشہ میری غیر معمولی ہمت افزائی بھی کرتے تھے۔ لکھنو میں کمیٹی برائے فروغ اردو، کی میٹنگ ہو رہی تھی۔ جس میں شرکت کے لئے میں بھی گیا ہوا تھا۔ پروفیسر مجیب بھی تشریف لائے ہوئے تھے۔ میٹنگ کے دوران جب چائے کا وقفہ ہوا تو سب لوگ باہر لاؤنج میں چائے پینے آ گئے۔ مجیب صاحب مجھے ایک طرف لے گئے اور بغیر تمہید کے بولے:

"میں چاہتا ہوں کہ 'ترقی اردو بورڈ' کی طرف سے تاریخ ادب اردو کا پروجیکٹ تم لے لو۔ اس تاریخ کا خاکہ بنالو اور ان لوگوں کی فہرست مرتب کر لو جنہیں تم اپنے ساتھ لگانا چاہتے ہو۔ پھر مجھ سے دہلی میں ملو"۔

اس کے بعد مجیب صاحب کافی دیر تک میری دو کتابوں، مرزا محمد رفیع سودا، اور تنقید، کے بارے میں گفتگو کرتے رہے۔ ان کی باتوں سے لگ رہا تھا کہ انہوں نے یہ دونوں کتابیں شروع سے آخر تک پڑھی ہیں۔ مجھے علم تھا کہ میری یہ دونوں کتابیں مجیب صاحب کی دلچسپی کی نہیں ہیں پھر انہوں نے کیوں پڑھیں۔ ظاہر ہے کہ اس کام کے لئے کسی نے میرا نام تجویز کیا تھا۔ میرا ذہن اس میں الجھ گیا کہ میرا نام کس نے تجویز کیا؟ مجیب صاحب سے میرے تعلقات محض رسمی تھے۔ انہیں بذات خود یہ خیال آ نہیں سکتا۔

بہر حال کئی دن تک یہ مسئلہ حل نہیں ہو سکا۔ دہلی پہنچ کر میں نے تاریخ کا خاکہ بنایا اور مجیب صاحب کی خدمت میں ان کے گھر حاضر ہوا۔ ان کی میز پر میری دونوں کتابیں رکھی تھیں۔ میں نے جب ورق الٹ کر دیکھا تو دونوں کتابیں وہ تھیں جو میں نے احتشام صاحب مرحوم کو پیش کی تھیں۔ اب یہ راز کھلا کہ میرے کرم فرما احتشام صاحب تھے۔ لطف یہ ہے کہ مرحوم نے کبھی اس کا ذکر نہیں کیا کہ میرا نام انہوں نے تجویز کیا تھا۔ اگر میں مجیب صاحب کی میز پر وہ کتابیں نہ دیکھتا تو شاید زندگی بھر مجھے اس حقیقت کا علم نہ ہوتا۔

احتشام صاحب کے متعلق دو تین واقعات ایسے ہیں جن کا میں پہلے بھی ایک مقالے میں ذکر کر چکا ہوں، مگر یہاں بھی ان کا اعادہ ضروری سمجھتا ہوں کیونکہ ان سے مرحوم کی شخصیت کے بعض پہلوؤں پر روشنی پڑتی ہے۔ احتشام صاحب کو زندگی میں جو کچھ ملا اپنے علم اور صلاحیتوں کی بنا پر۔ کم سے کم میرے علم میں نہیں کہ کسی کمیٹی کا ممبر بننے کے لیے یا کوئی ذاتی مفاد حاصل کرنے کے لئے انہوں نے جوڑ توڑ سے کام لیا ہو۔ ان کے ایک صاحب زادے جعفر عباس نے دلی یونیورسٹی سے اردو میں ایم۔ اے کیا ان کی نہ صرف فرسٹ ڈویژن تھی بلکہ فرسٹ پوزیشن بھی تھی، چونکہ وہ طالب علم تھے اس لئے ان کی ملازمت کے سلسلے میں مجھے خاصی پریشانی تھی۔ علی گڑھ میں "ترقی اردو بورڈ" کی لسانی کمیٹی کا سیمنار ہو رہا تھا۔ احتشام صاحب بھی تشریف لائے ہوئے تھے۔ ایک دن میں نے احتشام صاحب سے کہا کہ "ترقی اردو بورڈ" میں کچھ جگہیں نکلی ہیں۔ آپ فلاں صاحب سے کہہ دیں تو جعفر کا تقرر ہو جائے گا۔ مسکرانے لگے۔ میں پھر بات دہرائی۔ کہنے لگے بھئی وہ میرا بچہ ہے مگر کسی سے کیسے کہہ سکتا ہے۔ یہ تو غلط بات ہے۔ اپنی اہلیت اور قابلیت کے اعتبار سے اسے خود ہو جانا چاہئے۔

ابھی یہ گفتگو ہو رہی تھی کہ "ترقی اردو بورڈ" کے ڈائرکٹر شہباز حسین صاحب تشریف لے آئے، میں نے شہباز صاحب سے کہا کہ حضرت آپ کے ہوتے ہوئے جعفر بے روزگار پھرے۔ میری یہ بات احتشام صاحب کو پسند نہیں آئی۔ حسب عادت فوراً موضوع بدل دیا۔ بظاہر یہ بہت معمولی بات ہے لیکن ایسی معمولی باتوں کے لئے انسان کو فرشتہ بننا پڑتا ہے۔

اسی سمینار کا ایک واقعہ اور سن لیجئے۔

میں نے مکتبہ جامعہ کے معیاری ادب کے سلسلے میں ڈپٹی نذیر احمد کی "ابن الوقت" مرتب کی تھی۔ میں نے اس کے مقدمے میں کچھ نئی باتیں کہنے کی کوشش کی تھی۔ میں اس سیمنار میں وہ مقدمہ بھی ساتھ لایا تھا تاکہ احتشام صاحب کو دکھالوں۔ پہلی ملاقات ہی میں میں نے یہ مقدمہ ان کی خدمت میں پیش کر دیا۔ انہوں نے کچھ کہے بغیر اپنے کاغذوں میں رکھ لیا۔ سمینار ختم ہونے کے بعد جب ہم لوگ باہر نکلے تو میرے کندھے پر ہاتھ رکھ کر فرمایا :

"آپ سے کچھ بات کرنی ہے" اور ایک طرف لے گئے، جب ہم سب لوگوں کی نظروں سے اوجھل ہو گئے تو انہوں نے وہ پیش لفظ واپس کرتے ہوئے کہا:

"اس کے بارے میں جو میرے خیالات تھے وہ آخری صفحہ پر لکھ دیئے ہیں۔"

وہ نہیں چاہتے تھے کہ دوسروں کو معلوم ہو کہ میں ان سے استفادہ کرتا ہوں۔ میں ان کے اس انداز پر ہنس پڑا۔ میں نے کہا کہ قبلہ میری اس سے زیادہ خوش نصیبی اور کیا ہو گی کہ لوگ مجھے آپ کا شاگرد سمجھیں۔ اس واقعہ سے میرے دل میں ان کتنی عزت بڑھی ہے وہ شاید بیان نہ کر سکوں۔

ان کی عظمت کا ایک ثبوت یہ بھی تھا کہ وہ کبھی کسی کو محض اس لئے چھوٹا نہیں

سمجھتے تھے کہ وہ عمر میں چھوٹا ہے یا اس کی سماجی حیثیت کچھ کم ہے۔ ایک دفعہ اردو کے ایک مقتدر ادیب باہر سے تشریف لائے ہوئے تھے میرے ساتھ ان کا قیام تھا۔ دہلی کے ایک ایسے صاحب نے جو ادبی اعتبار سے تو مجھ جیسے حقیر کے مقابلے میں بھی حقیر تر ہیں لیکن جن کی سماجی حیثیت مجھ سے کہیں زیادہ تھی میرے برگزیدہ مہمان سے یہ کہہ دیا کہ آپ خلیق کے ہاں کیسے ٹھہرے۔ یہ آپ کے شایان شان نہیں، اتفاق سے انہیں دنوں احتشام صاحب دہلی تشریف لائے ہوئے تھے، میں اسلم پرویز اور وہ صاحب احتشام صاحب سے ملنے گئے۔ ان صاحب نے یہ قصہ احتشام صاحب کو بھی سنایا۔ کچھ دیر تک وہ خاموش رہے۔۔ چہرے سے ظاہر ہو رہا تھا کہ احتشام صاحب کو یہ بات ناگوار گزری ہے۔ پہلے تو کچھ کہنا مناسب نہ سمجھا۔ لیکن جب اور کچھ دیر تک یہ موضوع چلتا رہا تو ان سے برداشت نہ ہو سکا اور وہ بے ساختہ کہہ اٹھے کہ وہ صاحب گدھے ہیں، کچھ اور بات کیجئے۔

میں نے پچھلے بارہ تیرہ برسوں میں انہیں صرف دو بار غصہ میں دیکھا تھا۔ ایک تو اس وقت جس کا ذکر میں ابھی کر چکا ہوں۔ اور دوسرے جب دو تین سال پہلے ایک خاتون کا پروفیسر کی حیثیت سے تقرر ہوا۔ بعض لوگوں کا خیال تھا کہ وہ خاتون پروفیسر تو کجا، لیکچرر ہونے کے قابل بھی نہیں تھیں۔ ستم یہ ہوا کہ ان کے مقابلے میں ایک مشہور ترقی پسند نقاد کو رد کر دیا گیا تھا۔ احتشام صاحب سے جب اس موضوع پر گفتگو ہوئی تو میرے اور ڈاکٹر اسلم پرویز کے علاوہ اور بھی چند حضرات موجود تھے۔ خاموش بیٹھے سب لوگوں کی گفتگو سنتے رہے۔ بہت دیر بعد بہت غصے اور دکھ کے ساتھ بولے:

"اگر یہی روش رہی تو تمام یونیورسٹیاں جاہلوں سے بھر جائیں گی۔" اور پھر موضوع بدل دیا۔

مجھے یہ فخر ہے کہ مرحوم نے اپنی زندگی کا آخری مقالہ میری فرمائش پر لکھا تھا۔

ہوا یہ کہ ایک شام وہ اچانک "سیکولر ڈیموکریسی" کے دفتر میں تشریف لے آئے۔ ہمارا "قومی شاعری نمبر" تیاری کی آخری منزلوں میں تھا۔ میں نے فرمائش کی کہ قومی شاعری پر ایک مقالہ تحریر فرما دیجئے۔ فرمانے لگے:

"میں کل الہ آباد جا رہا ہوں وہاں سے لکھ کر بھیج دوں گا۔" میں نے عرض کیا کہ پرچہ پریس جا رہا ہے۔ بہت دیر ہو جائے گی۔ اگر آپ آج رات لکھ دیں تو عنایت ہو گی۔ میرے اصرار سے وہ مجبور ہو گئے۔ ہنس کر فرمانے لگے کہ آپ ضد کرتے ہیں تو میں رات کو لکھ دوں گا۔ دوسرے دن ایک صاحب تین صفحے کا نامکمل مضمون دے گئے۔ ایک چھوٹا سا خط منسلک تھا جس میں احتشام صاحب نے لکھا تھا:

"رات میں میری طبیعت خراب ہو گئی تھی الہ آباد جاتے ہی باقی مضمون بھی بھیج دوں گا۔ بعد میں معلوم ہوا کہ اس رات ان کی طبیعت غیر معمولی طور پر خراب ہو گئی تھی چونکہ وعدہ کیا تھا جب تک جسم نے ساتھ دیا لکھتے رہے۔

موت نے اردو کے ایک نقاد اور عالم ہی کو نہیں چھینا بلکہ قدم قدم پر حوصلہ افزائی اور رہنمائی کرنے والے ایک کرم فرما اور مشفق بزرگ کو بھی مجھ سے جدا کر دیا ہے۔

***

ماخوذ از رسالہ: نیا دور (احتشام حسین نمبر)، لکھنؤ۔ مئی / جون / ۱۹۷۳۔ جلد: ۲۹، شمارہ: ۲-۳

Prof Syed Ehtesham Hussain Rizvi, an educator & a notable critic.

***

۱۰

روسی ادیب چے خَف اور اردو افسانے کی نشو و نما

ڈاکٹر ظ۔ انصاری

انتون پاولووِچ چے خَف

پیدائش: ۲۹/ جنوری ۱۸۶۰

وفات : ۱۵/ جولائی ۱۹۰۴

افسانے، مضامین، طنزیے، خاکے، اسکٹ، ایکانکی اور ڈرامے، سب ملا کر گیارہ سو (۱۱۰۰)، چھوٹے بڑے افسانے، جنہیں کتابوں میں جگہ ملی، آٹھ سو (۸۰۰) سے کچھ کم۔ انتخاب ہوئے تقریباً ۲۲۶۔ کئی ایک فرضی یا قلمی ناموں سے بھی لکھا، اپنے نام سے بھی۔ ۲۵ برس لکھا، زیادہ تر اخبارات و رسائل کے لئے۔ عموماً قلم برداشتہ بعض اوقات تھم تھم کر۔ آخری اور مکمل اشاعت سے پہلے اپنے تمام ڈراموں پر اور خاص خاص افسانوں پر نظر ثانی کی، ان کے عنوان اور انجام بدلے۔ خود کو بدلا، بدلتا رہا، تمام کبھی مطمئن نہیں ہوا۔ ہمیشہ اپنی تحریروں دشمن کی نظر سے دیکھا کیا۔

آج اس کا قلم خشک ہونے ستر (۷۰) برس ہونے کو آئے مگر عالمی ادب میں اس کا مقام برابر بلند ہوتا گیا ہے۔ مختصر افسانہ اس کے افسانے کے ساتھ اپنی معراج کو پہنچا اور ڈرامے کے فن نے اس کے ڈرامائی تجربوں کی میں آگے کی راہ تلاش کی۔

وحدتِ ثلاثہ (وقت، مقام اور عمل) کا تصور باطل ہو گیا، غیر معمولی شخصیت کے ہیرو اسٹیج سے اٹھ گئے، رفتہ رفتہ اٹھان اور کلائمکس کے پرانے نظریے طاق پر رکھ دیئے گئے۔

دنیا کی کوئی ترقی یافتہ زبان ایسی نہیں جس میں چےخف کے ترجمے اہمیت نہ پا چکے ہوں اور کوئی ذی علم ادیب یا فنکار ایسا نہیں جو چےخف سے بالکل ناآشنا رہ گیا ہو۔

اس کے مداحوں میں ۔۔۔ تالستائے، گورکی، سالتی کوف شچدرین، کورولینکو، الیکساندر کوپرن، میاکوفسکی، شولوخوف جیسے صف اول کے اہل قلم کے علاوہ دنیا کے مشاہیر میں لوہسون، کوموجو، ایزابیلا بلیوم، جان گالزوردی، جارج برنارڈ شا، مون ٹیگوٹر، ایڈورڈ گارنیٹ، اینڈرسن، کیتھرین میسفیلڈ، جے بی پریسٹلے، ڈبلیو ایچ بروفورڈ اور ٹیگور شامل ہیں۔ شا، سامرسٹ ماہام، ہیمنگوے، پریم چند اور منٹو نے اس کی سادگی اور پرکاری کے آگے سر جھکایا ہے۔

زبان، زمین، زمانے اور ذی روح کو چےخف نے کچھ یوں برتا کہ ہمارے دور کا افسانوی ادب اس کے بارِ احسان سے سبکدوش نہیں ہو سکتا۔

چےخف پر مختلف زبانوں میں لکھے ہوئے مضامین اور کتابوں سے الماریوں کے خانے بھرے پڑے ہیں۔ افسانوں اور ڈراموں کے علاوہ کم و بیش چار ہزار خطوط بھی نو (۹) جلدوں میں سما چکے ہیں اور ان کے ترجمے آکسفورڈ یونیورسٹی پریس سے چھپ رہے ہیں، ضخیم نوٹ بک چھپ چکی ہے۔ ٹائمز (لندن) کے ادبی ضمیمے میں اب بھی اس پر مضامین نکل جاتے ہیں۔ روسی صحافت میں آج تک کوئی نہ کوئی تازہ تحقیق سامنے آ جاتی ہے۔ یوروپ اور امریکہ میں آج بھی اس کی تحریروں پر بحث کے دفتر کھلے ہوئے ہیں۔

اس تمام انبار میں، دیکھا جائے تو تین مجلد چے خف کے بھرپور مطالعے کو کافی ہیں۔ سب سے مختصر، انگریزی میں مشہور مصنف جے۔بی۔پریسٹلے [J. B. Priestley] کی کتاب انتون چے خف، سب سے مفصل اسی نام کی، روسی میں وی یرمی لوف (V. Ermilov) کی تصنیف اور پھر خود مصنف کے خطوط کا مجموعہ، جن سے اس کی تحریروں کا کردار بھی کھلتا ہے اور مشرق سے مغرب تک پھیلی ہوئی ہم عصر زندگی کا وسیع منظر بھی۔ تب پتہ چلتا ہے کہ کہنے والے نے کچھ مبالغہ نہیں کیا جو یہ کہا:

چے خَف ۱۸۸۰ اور ۱۸۹۰ کی دہائی والے برسوں میں روس کی انسائیکلوپیڈیا ہے۔ جیسے الیکسانڈر پشکن ۱۸۲۰ء کی دہائی کے روس کی۔

اردو کا دامن غیر ملکی ادب کے موتیوں سے خالی نہیں رہا، اس کے حصے میں جو تھوڑا بہت آیا، وہ قابل قدر ہے۔ ۱۹۲۰ء کے بعد سے اردو کے سنجیدہ ادبی رسالوں میں روسی ادبیات کے ترجمے، ماخوذے اور تبصرے چھپنے لگے تھے۔ سہ ماہی "اردو" (اورنگ آباد)، "زمانہ" (کانپور) کے علاوہ "نیرنگ خیال" (لاہور)، "ساقی" (دہلی) میں کئی مضمون اور ترجمے چھپے۔

۱۹۳۶ میں سعادت حسن منٹو نے "نیرنگ خیال" کا روسی ادب نمبر نکالا اور ۱۹۴۰ میں پروفیسر محمد مجیب کی کتاب "روسی ادب" دو جلدوں میں نکلی۔ واقعہ یہ ہے کہ پروفیسر مجیب کو شایان شان داد نہیں ملی، ورنہ روس کے کلاسیکی ادب کے درجنوں (اچھے اور برے) ترجمے ہو چکنے کے بعد آج بھی ہمارا مطالعہ اس مقام سے آگے نہیں بڑھا ہے جہاں پروفیسر موصوف نے اسے چھوڑا تھا۔

"چے خف کی چھوٹی بڑی کہانیاں"، ناولٹ "تین سال" اور "ادبیات کا استاد" اردو میں واحد مستند ترجمے ہیں جن میں اصل کی کیفیت برقرار ہے۔ ان کے علاوہ بھی وقتاً فوقتاً

انگریزی ترجموں سے چند افسانے اردو لباس اختیار کرتے رہتے ہیں اور بعض افسانہ نگاروں نے چے خف کے ہاں سے خیال یا واقعات لیے ہیں۔ بعض کو افسانے کی تحریک وہیں سے ملی ہے اور یوں اردو افسانے کی نشو و نما میں چے خَف کا ہاتھ بالواسطہ شریک رہا ہے۔

ماخوذ از کتاب: چے خَف (انتون پاولووِچ چے خَف کی زندگی اور فن کا مطالعہ)۔
مصنف: ڈاکٹر ظ۔ انصاری

Anton Chekhov and its impact on Urdu literature.

* * *

۱۱

شطرنج اور اردو شاعری

زماں قاسمی

موجودہ دور میں کھیلوں کے جتنے بھی نمونے دستیاب ہیں انہیں دو بڑے خانوں میں تقسیم کیا جاسکتا ہے۔ ایک آسمان کے نیچے کھلی فضا میں کھیلے جانے والے کھیل اور دوسرے چہار دیواری میں چھت کے نیچے منعقد ہونے والے کھیل۔

اس دوسری قسم کے کھیلوں میں "شطرنج" کو بلاشبہ ایک باوقار اور تاریخی حیثیت حاصل ہے۔ تاریخ ہمیں بتاتی ہے کہ یہ کھیل راجاؤں اور بادشاہوں میں بہت مقبول رہا ہے۔

البیرونی کی تحریر سے اس بات کا پتہ چلتا ہے کہ شطرنج ہندوستان میں زمانۂ قدیم سے رائج ہے۔ البیرونی کے بیان کی تصدیق اکثر مورخین سے ہو جاتی ہے۔ عہد اسلامی میں سلاطین کا شوق وانہماک شطرنج سے کافی تھا۔ یزید بن عبد الملک اور ہشام، ہارون رشید اور اس کے دونوں لڑکے امین الرشید اور مامون الرشید، محمود غزنوی، یوسف صلاح الدین، تیمور لنگ، جلال الدین محمد اکبر اور سلطان عبد الحمید وغیرہ شطرنج کے بڑے شوقین اور اچھے کھلاڑی سمجھے جاتے تھے۔ وزیروں میں جعفر برمکی، ابو بکر بن زہر، وزیر علی القمی وغیرہ اس کھیل کے ماہر تھے۔

اردو کے صاحبِ طرز اور اپنے رنگ کے منفرد شاعر حکیم مومن خاں مومن کا شمار اس دور کے ماہر اور زیرک شاطروں میں ہوتا تھا۔ اودھ کے واجد علی شاہ کا دور شطرنج کے کھلاڑیوں کے لیے کافی سازگار رہا۔ مغلیہ دور کے بادشاہوں نے اس کھیل کی آڑ میں اپنے لیے تفریح و دل بستگی کا سامان فراہم کیا اور مہروں کے خانوں میں حسین و جمیل کنیزوں کو کھڑا کر کے اپنے ذوقِ طبع کی تسکین کی۔

ہمارے ملک میں زمانۂ قدیم سے شطرنج کھیلی جاتی رہی ہے جس کے نتیجہ میں بہت سارے الفاظ اور محاورے اردو زبان کا حصہ بن چکے ہیں۔ مثال کے طور پر شہ دینا، بازی مارنا، مات دینا، چال چلنا، مہرہ بننا وغیرہ۔ صدیوں سے قابلِ استعمال یہ محاورے یا الفاظ اردو زبان میں اس طرح رچ بس گئے ہیں کہ احساس ہی نہیں ہوتا کہ یہ الفاظ اور محاورے شطرنج کے کھیل سے آئے ہیں۔

شطرنج کے ایک بار کے کھیل کو بازی کہتے ہیں۔ اب مشاہدہ کیجیے کہ اس بازی لفظ سے کتنے سارے محاورے، الفاظ، اشعار وجود، میں آگئے۔ بازی مارنا، بازی لگانا، بازی گر، بازیچہ وغیرہ۔ اسی طرح بساط پر نظر کریں تو بساط الٹنا، بساط بچھنا وغیرہ محاورے سامنے آتے ہیں۔

بازیچہ پر غالب کا شعر ملاحظہ فرمائیں۔

بازیچۂ اطفال ہے دنیا مرے آگے
ہوتا ہے شب و روز تماشا مرے آگے

ڈاکٹر فریاد آذر کا شعر ہے۔

زندگی اس تری شطرنج کی بازی سے بہت
تھک گیا ہوں میں، شہ و مات سے آزادی دے

معروف ترقی پسند شاعر جاں نثار اختر لکھتے ہیں۔

ہم سے اک بار بھی جیتا ہے نہ جیتے گا کوئی
یوں تو ہم جان کے کھا لیتے ہیں ماتیں اکثر

استاد شاعر طرفہ قریشی ناگ پوری فرماتے ہیں۔

میں بساط شوق بچھاؤں کیا، غمِ دل کی شرط لگاؤں کیا
جو پیادہ چلنے میں طاق تھے وہ تمام مہرے بکھر گئے

قیصر شمیم کسی ماہر شطرنج کے لہجے میں طمطراق سے گویا ہیں۔

اک پل میں ہم جو چاہیں رکھ دیں بساط الٹ کر
شہ زد پہ آچکا ہے، اپنا پیادہ رکھئے
ابھی شطرنج ہے جاری، ذرا الٹے تو بساط
دیکھنا کون ہے شہ، کون پیادہ ہے میاں

"چال چلنا" شطرنج کے کھیل ہی سے نکلا ہے۔ چال میں آنا، چال پر پڑنا وغیرہ۔ محترمہ کوثر پروین کوثر کا شعر ہے۔

شہ سے پہلے نہ مات ہو جائے
دیکھ چال اس کی شاطرانہ ہے

بہادر شاہ ظفرؔ محتاط انداز میں کہتے ہیں۔

ہوشیاری سے سمجھ کر چال چلنا چاہیے
کارِ دنیا بھی ظفر شطرنج کا سا کھیل ہے

پروفیسر نصر غزالی کا رنگ کچھ اور ہے۔

اسی کے سارے پیادے، اسی کے شاہ و وزیر

بساطِ زیست پہ شہرہ اسی کی چال کا ہے

احمد کمال حشمی نے "چال چلنا" پر عمدہ شعر کہا ہے۔

وزیر چپ کھڑا تھا اور شہ کو مات ہو گئی

بساطِ زیست پر پیادہ چال ایسی چل گیا

خاکسار کا شعر یوں ہے۔

زد میں آسکتا ہے دشمن کا وزیر

عقل کا گھوڑا اڑا کر دیکھئے

لفظ "شہ" اور "مات" سے متعدد محاورے اختراع کیے گئے ہیں مثلاً شہ دینا، شہ پڑنا، مات دینا، مات ہونا وغیرہ۔

اس شہ اور مات پر کچھ مشہور شعراء کے اشعار پیش خدمت ہیں۔

ہر سمت سے گھر آئے ہیں شطرنج کے مہرے

یہ دیکھ! ابھی شہ ہے، ابھی مات برادر

(نشتر خانقاہی)

زندگی مہرہ ہے اک شطرنج کا

موت کیا ہے زندگی کی مات ہے

(انجم باروی)

راستے بھاگنے کے سب مسدود

شاہ بھی ہے وزیر کی شہ پر

(مجیب اختر)

مات ہو جاتی ہے پیادے سے بھی شہ کی اکثر

ہم نے دیکھا ہے زماں مات سے پہلے پہلے

(زماں قاسمی)

فرزیں کے لیے گھر کھلنا، پیدل کا کٹنا پر شعر پروفیسر مظفر حنفی کو ہی زیب دیتا ہے۔ ان کا یہ شعر حقیقت کا اظہار بھی ہے اور دل کو چھو لینے والا بھی۔

کٹ جائیں یہ پیدل تو نکل آئیں گی راہیں
فرزیں کے لیے ورنہ کوئی گھر نہیں کھلتا

شطرنج کا سارا کھیل مہروں کی چال پر منحصر ہوتا ہے۔ مہرے چونکہ بے بس ہوتے ہیں اور ان کا عناں گیر کوئی اور ہوتا ہے اس لیے ہماری زبان میں کسی کا مہرہ بننا محاورہ مستعمل ہوا۔

خانے میں ہے شطرنج کے جب تک، ہوں پر امید
جب پٹ گیا مہرہ تو کہیں کا بھی نہیں ہے

(جمیل تمنائی)

سیاست کی دنیا میں کبھی ایسا بھی ہوتا ہے کہ منور رانا جیسی بھاری بھر کم شخصیت معمولی مہروں (پیادوں) سے پٹ جاتی ہے۔

عجیب کھیل ہے دنیا تری سیاست کا
میں پیدلوں سے پٹا ہوں وزیر ہوتے ہوئے

پروفیسر نصر غزالی نے تو بساط ہی کو الٹ کر رکھ دیا

جب بساط الٹی تو جانا کہ تھے شاطر کتنے
کشتی و فیل و پیادہ پہ تھے قادر کتنے

کپڑے یا کاغذ کے جس چوکور ٹکڑے پر شطرنج کھیلی جاتی ہے، اسے بساط کہتے ہیں۔

اس لفظ سے بساط ہونا محاورہ بنا مثلاً اس کی بساط ہی کیا تھی جو اتنا بڑا کام کر جاتا۔ ذوق نے اس لفظ کو بڑی خوبصورتی سے استعمال کیا ہے۔

کم ہوں گے اس بساط پہ مجھ جیسے بد قمار
جو چال ہم چلے سو نہایت بری چلے

شطرنج میں پیادہ سیدھا چلتا ہے جب کہ فرزیں (وزیر) ٹیڑھا بھی چل سکتا ہے۔ ترقی اور کامیابی پا کر آدمی کے اندر جو غرور یا ٹیڑھ آجاتی ہے، اس کے اظہار کے لیے عبد الرحیم خان خاناں نے مہروں کی ان چالوں سے استفادہ کرتے ہوئے کہا ہے ع

پیادہ سے فرزیں بھیو ٹیڑھو ٹیڑھو جائے

آج کی دنیا میں شطرنج کھیلنے کا گر ہر شعبۂ حیات میں استعمال ہو رہا ہے، خاص طور پر سیاست کے میدان میں۔ جیسے جیسے تعلیم حاصل کرنے کا شوق بڑھتا جا رہا ہے، شطرنج ہر مرحلے پر کھیلی جانے لگی ہے۔ بساط بچھانے کی بھی ضرورت نہیں پڑتی، صرف اپنا مہرہ بڑھا دینا کافی ہوتا ہے۔ بزرگ شاعر علقمہ شبلی فرماتے ہیں۔

میں نے دیکھا ہے پیادوں کو بھی آگے شبلی
شاہ کو، مان لوں کیوں، مات نہیں ہو سکتی

راقم (زماں قاسمی) کو چونکہ شطرنج سے کافی شغف ہے اس لئے اس موضوع پر اشعار کا معرضِ وجود میں آنا فطری امر ہے۔

کتنے ماہر ہیں زماں شطرنج میں
ایک دن بازی جما کر دیکھئے

اس قدر مربوط تھیں مہروں کی چالیں دوستو
ہر گھڑی مجھ کو خود اپنی ہار کا خدشہ رہا

وائے وحشت! اسپ و فرزیں، فیل ورخ سب پٹ گئے

جذبۂ جوشِ ظفر قائم انہیں مہروں پہ تھا

رئیس الدین رئیس نے اپنا ارادہ اس طرح سے ظاہر کیا ہے۔

کاش شطرنج پہ ظاہر ہو ارادہ میرا

شاہ کو پیٹنے نکلا ہے پیادہ میرا

فراغ روہوی کا انداز دیکھیں۔

شاہ بھی آ چکا مری زد میں

تو فقط جانبِ وزیر نہ دیکھ

ہمدم نعمانی کے پیدل کا جب مزاج بگڑتا ہے تو اس طرح کا شعر وجود میں آتا ہے۔

اسپ و فرزیں، فیل ورخ رہ جاتے ہیں ششدر سبھی

جب بگڑ جاتا ہے ہمدم میرے پیدل کا مزاج

نسیم فائق کا شعر، شعر نہیں چیلنج ہے۔

مرے پیادوں کے سامنے اب

تو اپنے شاہ و وزیر لے آ

فتح کا جشن منانے والے تو بہتیرے مل جائیں گے لیکن جان بوجھ کر ہارنے والے؟

آیئے ایوب رضا (جگتدل) کا ظرف دیکھتے ہیں۔

ظرف ہمارا شیوہ ہے اور دلداری ہے فطرت اپنی

ہم نے تو شطرنج کی بازی جان کے اکثر ہاری ہے

ارشد جمال حشمی کی نگاہ دور بین ہے۔ وہ وزیر پر پیادہ کو ترجیح دیتے ہیں۔

کماں نہ رکھئے اگر اک بھی تیر باقی ہے

پیادہ ہے تو سمجھئے وزیر باقی ہے

چلتے چلتے ممتاز انور کے پیادے کی چال اور تیور بھی دیکھتے چلیں۔

ہے پیادے کی زد پہ تیرا شاہ
سوچ لے چال اور سنبھل کر چل
کسی بھی چال میں بدلے گا یہ شطرنج کا تیور
کہاں پہ مات ہوگی شاہ کی، مہرہ بتاتا ہے

مات تو ہر مقابلے کا لازمی حصہ ہوتا ہے لیکن مات سے پہلے شہ دے کر حریف کھلاڑی کو گھیرے میں لینا اور شکست قبول کرنے کے لیے مجبور کرنا صرف شطرنج میں ہی ممکن ہے۔

ادب میں شطرنج کو جو مقام ملا ہے اس کا سارا کریڈٹ اردو کے شعراء حضرات کو ملنا چاہیے۔ منشی پریم چند بھی اس کریڈٹ کے حقدار ہیں جنہوں نے "شطرنج کے کھلاڑی" کی تصنیف کی۔ ستیہ جیت رائے کو بھی کریڈٹ ملنا چاہئے جو اس فلم کے ڈائریکٹر تھے جسے فلم فسٹیول میں کئی انعامات ملے۔

ماخوذ: موجِ قلم - ۲۰۱۲، (بزمِ نثّار، کلکتہ کا پہلا سالانہ مجلّہ)

Chess and Urdu poetry. Essay: Zaman Qasmi.

* * *

۱۲

معمارِ جاوداں: سر سید احمد خاں

مشتاق مشفق

برگزیدہ اور بلند پایہ شخصیتیں دنیا میں کبھی کبھی پیدا ہوتی ہیں۔ سر سید احمد خاں اُن برگزیدہ شخصیتوں میں سے تھے جن کی گوناگوں خدمات قوم و ملّت کے لئے مشعل راہ بھی ہیں اور نئے سماجی نظام سے ہم آہنگ ہونے کا وسیلہ بھی۔

سر سید احمد خاں ایک ایسی صدی میں پیدا ہوئے جو انتشار و افتراق کی صدی تھی۔ اُس دَور کا اگر ہم گہرائی سے جائزہ لیں تو یہ بات واضح ہو جاتی ہے کہ اُس وقت سیاسی تبدیلیاں عروج پر تھیں۔ مغلیہ سلطنت کا اندرونی نظام انتشار اور پراگندگی کا شکار تھا۔ تہذیبی زندگی میں تعیش اور سہل پسندی گھن بن کر داخل ہوگئی تھی۔ کیا عوام کیا خواص، سب ایک ہی رنگ میں رنگے نظر آرہے تھے۔ مرکزی حکومت کی گرفت ڈھیلی ہونے کی وجہ سے چھوٹے چھوٹے صوبے داروں کو سر اٹھانے کے مواقع میسّر ہوئے۔ دلّی تباہ ہوئی اور لکھنؤ رنگین بنا۔ یہاں غم غلط کرنے کے تمام تر اسباب مہیا تھے اور کلفتِ ایّام سے نجات کی ممکنہ راہیں ہموار ہوگئی تھیں۔ ان شواہد سے یہ عیاں ہے کہ تہذیبی سطح پر رنگینی اور خوش طبعی اس طرح سے حاوی ہو رہی تھی کہ تقدس کا دامن تار تار ہوتا جا رہا تھا،

اخلاقی قدریں رو بہ زوال تھیں اور تہذیب پامال ہوتی جا رہی تھی۔ اُمراء کی زندگی نا اہلی اور بے سمتی کا شکار ہو چکی تھی، جس کا اثر عوامی زندگی پر بھی پڑ رہا تھا۔ عوام، خواص کے شعار کو بساط بھر قبول کرنے میں مشغول تھے۔ مختصر یہ کہ پورا لکھنوی معاشرہ ایک ہی رنگ میں رنگا نظر آ رہا تھا اور نظامِ حیات میں زبردست تبدیلیاں رونما ہونے لگی تھیں۔ ایسے وقت میں ایک نئی طاقت ابھر کر سامنے آتی ہے جو انگریزوں کی طاقت سے منسوب ہے۔ انگریز رفتہ رفتہ تجارت سے دُور ہو کر مُلک گیری اور حکمرانی کا ذہن بناتے ہیں اور اپنے تدبّر اور تعقّل کی بنیاد پر مکمل ہندوستان کو اپنی قلم رو میں لے لیتے ہیں۔ انگریزوں کی نئی طاقت اور اُن کے استبداد کی انتہا کے سامنے ہندوستانی قوم بے دست و پا نظر آتی ہے۔ اس صورتِ حال نے ہندوستان کی معاشی زندگی کو متزلزل کر دیا۔ غیر ملکی قوم کو بھلا ہندوستان یا یہاں کے باشندوں سے محبت اور ہمدردی کیوں ہوتی۔ وہ ہر طرح سے انہیں اپنا جانی دشمن تصور کرتے اور اسی منافرت کے نتیجے میں انگریز اس قدر برہم اور برگشتہ ہوئے کہ پھر ظلم و ستم ڈھانے میں کوئی کسر نہیں چھوڑی۔

مظالم اتنے بڑھے کے صبر اور برداشت کا دامن ہاتھ سے چھوٹتا چلا گیا۔ ہندوستانیوں کے دلوں میں انگریزوں کے خلاف نفرت اور بغاوت کا جذبہ پروان چڑھنے لگا، تصادم کے شعلے بھڑکنے لگے اور پھر غدر کا واقعہ پیش آیا۔ اس دَور انتشار اور عالمِ نا سوت میں سر سید احمد خاں نے آنکھیں کھولیں اور ایک سچّے ہادی کی شکل میں قوم کو قعرِ مَذلّت سے نجات دلانے کے لئے نئی راہ اور صحیح سمت دکھانے کی حتی الوسع کوششیں کیں لیکن اپنے اس فرض کی ادائیگی میں انہیں نامساعد حالات سے بھی گزرنا پڑا اور اُن کی شخصیت بھی متنازع فیہ بنی رہی۔ ایک حلقہ ایسا بھی سامنے آیا جس نے سر سید پر الزام

تراشی میں کوئی بھی کسر باقی نہیں رکھی۔

مسلمانوں کے معاشرہ کی اصلاح، فکر کی تجدید اور احیائے ملّی کی خاطر جن مصلحین نے مسلسل اور پُر خلوص جدّوجہد کی اُن مین سر سّید احمد خاں کا نام ہمیشہ سنہرے حرفوں سے لکھا جائے گا۔ انہوں نے مسلمانوں کی سماجی اصلاح کی نئی راہیں ہموار کیں اور فکر و نظر کے نئے سانچے تیار کئے۔ دراصل وہ دَورِ جدید کے پہلے مسلمان ہیں جنہوں نے آنے والے زمانے کے ایجابی مزاج کی جھلک بخوبی دیکھ لی تھی اور اپنی جدّوجہد کا رخ اسلام کی نئی توضیح و تعبیر کی جانب موڑ دیا تھا۔

سر سید احمد خاں ایک جاں باز قوم کے سپاہی تھے۔ اُن کی شخصیت جتنی دل کش تھی اتنی ہی ہمہ گیر بھی تھی۔ وہ بیک وقت معاشرہ کے پُرزور علم بردار، غیر معمولی بصیرت کے ماہرِ تعلیم، روشن خیال مذہبی مفکّر اور نہایت مؤثر و فکر انگیز طرزِ تحریر کے مالک تھے۔ یہی وجہ تھی کہ انہوں نے علم وادب، مذہب و تمدن اور تہذیب و معاشرت، جس میدان میں بھی قدم رکھا اپنی شخصیت کا نہ مٹنے والا نقش ثبت کر دیا۔ انہیں اپنی ذات کی فکر کم اور قوم کی زبوں حالی اور اس کے پچھڑنے کا خیال زیادہ تھا۔ صحیح معنوں میں وہ مسلمانوں کے ایک سچّے رہنما اور رہبر تھے۔ انہیں اندازہ ہو گیا تھا کہ اس ناگہانی دَور میں اگر قوم کی دست گیری نہ کی گئی تو معاشی، تہذیبی اور سیاسی میدان میں کمزور اور پیچھے رہ جانا ہی ان کا مقدر ہو گا۔ چنان چہ انہوں نے اپنے طور پر مختلف زاویوں سے قوم کی بہتری اور اس کی ترقی کے لئے تادمِ مرگ خدمت کی۔ اُن کی نگاہ میں قوم کا تصور بہت وسیع تھا۔ اُن کی نظر میں قوم محض ہندو یا مسلمان نہیں بلکہ مُلک کے شہری اور باشندے کو وہ قوم گردانتے تھے۔ شاید یہی وجہ تھی کہ وہ ہندو اور مسلمان کو دو آنکھیں سمجھتے تھے اور اسی اعتبار سے

انہوں نے قوم کی خدمت انجام دی تاہم خصوصی توجہ مسلمانوں کی صورت حال پر صرف کرنا اپنا فرض عین سمجھا۔ انہوں نے سیاسی، سماجی اور تہذیبی خدمات کے علاوہ علمی وادبی خدمات بھی انجام دئے۔

سر سید احمد خاں جدید سائنسی فضیلتوں سے بھی روشناس ہوئے تھے اور انگریزوں کی لائی ہوئی سائنسی ایجادات کو لبیک کہا تھا۔ غازی پور میں سائنٹفک سوسائٹی کا قیام اس کی ایک مثال ہے جس کا مقصد مسلم نوجوانوں میں سائنس کی روح پھونکنا تھا تاکہ قوم نئے تقاضوں سے آشنا ہو، اس میں جمود کی کیفیت پیدا نہ ہو اور قوم کو آگے بڑھنے نیز ترقی کرنے کے مواقع فراہم ہوں۔

سر سید احمد خاں نے انگریزوں کے مظالم کو دیکھ کر ۱۸۵۷ء میں غدر کے اسباب پر مبنی ایک کتاب "اسبابِ بغاوتِ ہند" کے عنوان سے لکھی۔ یہ محض ایک کتابچہ نہیں بلکہ تاریخ کا ایک ایسا باب ہے جو ہر لحاظ سے حق و صداقت کا عکّاس ہے۔ سر سید نے انگریز حکمرانوں کی کمزوریاں، نااہلیاں نیز اُن کے مظالم کو ان کے سامنے اُجاگر کیا تھا تاکہ وہ آئندہ ظلم و ستم سے گریز کریں۔ اُن کا کہنا تھا کہ مسلمانوں کی حکومتوں کے زوال کے ذمہ دار انگریز نہیں بلکہ خود مسلمانوں کی نااہلی اور عیش پرستی ہے۔ اس طرح نئی طاقت کی صورت میں انگریزوں کا ہندوستان پر قابض ہونا کوئی غیر فطری عمل نہیں تھا۔ پھر یہ کہ فاتح جب تک مفتوح کو سینے سے نہیں لگاتے اور اُن کے دکھ درد کا خیال نہیں رکھتے تب تک ان کی حکومت امن و سکون اور فلاح کے ساتھ نہیں چل سکتی۔ چنان چہ انگریزوں کی حکمرانی کی بہبودی بھی اسی حقیقت میں پنہاں ہے کہ رعایا یا محکوم کا ہر زاویئے سے خیال رکھا جائے اور اُن سے ہمدردی کی ہر ممکن کوشش کی جائے۔ سر سید احمد

خاں کی ان ہی کوششوں کے نتیجے میں انگریزوں نے اپنا جائزہ لیا اور حتی الامکان مظالم سے دُور رہنے کی حکمت عملی اپنائی اور پھر ہندوستانیوں کو ملازمتیں دی جانے لگیں اور ملکہ وکٹوریہ کا منشور جاری ہوا۔

یہ بات یاد رکھنی چاہئے کہ جب کوئی قوم فاتح کی حیثیت سے کسی مُلک پر اپنا تسلط جماتی ہے تو وہ اپنے ساتھ صرف شمشیر و سپر ہی نہیں لاتی بلکہ تہذیب و تمدن اور رقص و رباب بھی سمیٹ لاتی ہے۔ شاید یہی وجہ ہے کہ فاتح کی زندگی کا مفتوح پر گہرا اثر پڑتا ہے اور اُن کی تقلید ناگزیر بن جاتی ہے۔ رفتہ رفتہ زبان، سیاست، تہذیب اور ثقافت ہر میدان میں نمایاں تبدیلیاں رونما ہوتی ہیں۔ انگریز قوم اپنے ساتھ طرزِ حکومت کے علاوہ طرزِ تعلیم اور طرزِ زندگی بھی لاتی ہے جن کا دیرپا اثر ہوتا ہے اور ہندوستانی اس نئی تہذیب و سیاست کے سانچے میں ڈھلنے لگتے ہیں۔

سر سید احمد خاں ایسے ہی وقت میں قوم کی دست گیری کرتے ہیں اور نئے نظام کا خیر مقدم فرض عین سمجھتے ہیں۔ اُن کی کوششوں کا نتیجہ یہ ہوتا ہے کہ ہندوستانی نئی تہذیب کی طرف مائل ہوتے ہیں بالخصوص مسلمان بڑے شوق سے اسے گلے لگاتے ہیں۔ تعلیم کے روایتی نظام میں زبردست تبدیلی آتی ہے اور لوگ انگریزی تعلیم کے دُور رس نتائج اور فوائد سے آشنا ہو کر اسے قبول کرتے ہیں۔ ایسے حالات میں سر سید کو اُس طبقے کی، جو مشرقیت کا دل دادہ تھا، زبردست مخالفت کا سامنا کرنا پڑتا ہے۔ ایسے مخالفین میں اکبر الٰہ آبادی، امداد العلٰی، علی بخش شرر اور مولانا رشید گنگوہی نمایاں نام تھے۔

ہندوستان میں مغربی تعلیم کے پھیلنے میں جو چیز سب سے زیادہ رکاوٹ بنی ہوئی تھی وہ مسلمانوں میں پھیلی ہوئی مذہبی عصبیت اور انگریزی تعلیم سے اُن کی نفرت تھی۔ سر

سید احمد خاں کو یقین تھا کہ اگر لوگ تعلیم یافتہ ہو جائیں گے تو تمام خرابیاں خود بخود دُور ہو جائیں گی اور اگر ایسا نہ ہوا تو قوم کا پستی کے دلدل میں دھنستے چلے جانا یقینی ہے۔ تعلیمی پسماندگی کا مسئلہ مسلمانوں میں پیچیدہ تھا کیوں کہ مسلمانوں نے زمانے کی رفتار کے ساتھ چلنے سے انکار کر دیا تھا۔ وہ اپنے قدیم طرزِ فکر اور طور طریقوں کو اپنائے ہوئے تھے۔ اس مقصد کے تحت سر سید نے ۱۸۵۹ء میں مراد آباد میں فارسی ذریعۂ تعلیم کا ایک مدرسہ قائم کیا۔ غازی پور میں سائنٹفک سوسائٹی کا قیام سر سید کی تعلیمی تحریک کا ایک دوسرا سنگِ میل ہے جس کا مقصد انگریزی کی معیاری کتابوں کا اردو میں ترجمہ کرنا تھا تا کہ مغربی خیالات سے لوگ واقف ہوں۔ اس کے دو ماہ بعد سر سید نے غازی پور میں ایک اسکول قائم کیا جس کا مقصد جہالت کی تاریکی کو دُور کر کے اپنے ہم وطنوں میں علم کی شمع روشن کرنا تھا۔ سر سید احمد خاں کا انگلینڈ کا سفر (۱۸۶۹ء تا ۱۸۷۰ء) اُن کے تعلیمی پروگرام کی تشکیل کے لئے بڑا اہم ثابت ہوا۔ انہوں نے بہت سے تعلیمی اداروں کا معائنہ کیا، اُن کے طریقۂ تعلیم کا مشاہدہ کیا، بہت سے عالموں سے ملاقاتیں کیں اور تقریباً ہر طرح کے جلسے میں شریک ہوئے۔ اس کا اثر یہ ہوا کہ سر سید کی مغربی نظامِ تعلیم کے بارے میں گہری نظر پیدا ہوئی اور انہیں یہ دیکھ کر بہت افسوس ہوا کہ ہندوستانی نظامِ تعلیم اس معاملے میں بہت پیچھے ہے۔ آخر کار جب وہ ہندوستان واپس آئے تو "تہذیب الاخلاق" نام کا ایک رسالہ جاری کیا جس نے مسلمانوں کو تنگ نظری کے غار سے نکال کر وقت کی رفتار کے ساتھ لا کھڑا کیا۔ اپنی قوم کی تعلیم کے سلسلے میں یہی گہری دل چسپی تھی جس کے باعث انہوں نے تعلیم کا لائحہ عمل تیار کیا۔ ۲۴ر مئی ۱۸۷۵ء کو علی گڑھ میں مُسلِم اینگلو اورینٹل کالج قائم کیا اور یکم جون ۱۸۷۵ء سے وہاں باقاعدہ تعلیم شروع ہو گئی۔ سر سید احمد

خاں کا اس کالج کو قائم کرنے کا مقصد یہ تھا کہ کالج جدید و قدیم خیالات اور مشرق و مغرب کے درمیان ایک پُل کا کام دے۔ چنان چہ جب انہوں نے مغربی علوم کو سیکھنا ضروری قرار دیا تو اسی کے ساتھ ساتھ مشرقی علوم کے حاصل کرنے پر بھی زور دیا۔

ہندوستان کے عوام جس اخلاقی اور معاشی گراوٹ کے شکار ہو چکے تھے انہیں نئی راہ پر لانے کی خاطر سرسید نے بعض موقعوں پر سیاسی جماعتوں میں شمولیت بھی اختیار کی اور بعض اوقات مقصد کی تکمیل کے لئے اختلافات بھی بنائے رکھا لیکن اس قرب و بُعد میں بھی ہمیشہ قوم کی اصلاح اور فلاح اُن کے پیش نظر رہی۔

سرسید احمد خاں سب سے پہلے ایک مصلح تھے اور ایک مصلح کی زندگی کے ہر شعبے میں اصلاح طلب گوشے مل جاتے ہیں۔ سرسید کا کارنامہ یہ ہے کہ انہوں نے اپنی سماجی تحریک کے دوران اس کے متوازی ایک مکمل ادبی تحریک جاری رکھی جس کے ذریعہ ایک ادبی انقلاب پیدا ہوا۔ اردو ادب کے نئے سوتے جاری ہو گئے اور اس کے ذریعہ زندگی کے اعلیٰ مقاصد کو اُجاگر کرنے کی کوشش کی گئی۔ سرسید کی ادبی خدمات اُن کی لا تعداد تحقیقی، تنقیدی، مذہبی، معاشرتی، تاریخی اور علمی تحاریر میں نمایاں ہیں۔ انہوں نے اپنی تحریروں کے ذریعہ لوگوں کے دلوں پر اثر پذیری کی صلاحیت پیدا کی۔ اُن کی مذہبی معرکہ آرائیوں نے اُردو زبان کو تصنّع اور تکلّف سے پاک کر دیا۔ چوں کہ سرسید کی نظر مقصد و مدعا پر رہتی تھی اس لئے عبارت میں ناہمواری اور کھردراپن پیدا ہونا فطری بات تھی لیکن ان تحریروں میں جذبے کی صداقت تاثیر کی ضامن ہے۔

یہ اردو ادب کے ارکان خمسہ تھے جنہوں نے ادب کو نئی بلندیاں عطا کیں۔ یہ ارکان خمسہ سرسید تحریک سے وابستہ تھے۔ سرسید کے رفقا میں حالی، نذیر احمد،

راشد الخیری، شرر، شبلی وغیرہ جدید نثر کے بانیوں میں سے ہیں۔ سر سید نہ ہوتے تو شاید نہ راشد الخیری ہوتے، نہ نذیر احمد، نہ حالی اور اگر یہ نہ ہوتے تو اردو نثر کو پختگی بھی حاصل نہ ہوتی۔ سر سید نے ہی حالی سے 'مسدس' لکھوائی، وہی مسدس جس کے متعلق سر سید کا کہنا تھا کہ خدا اگر مجھ سے پوچھے گا کہ تو دنیا سے میرے لئے کیا لایا تو وہ کہیں گے کہ "مسدس حالی" لکھوا لائے۔ سچ تو یہ ہے کہ اپنی تحریک کے مختصر سے وقفے میں سر سید احمد خاں نے اردو ادب کے مزاج کو بدل ڈالا۔ آثار الصنادید لکھ کر اردو ادب کو نئے افق پر پہنچایا۔ علم و ادب کی ذمہ داریوں میں صنعت و حرفت اور عمارت سازی کی یادگاروں کا تحفظ اور اس کے پردے میں اپنے ماضی کا تحفظ بھی شامل ہے، یہ ہمیں پہلی بار سر سید نے بتایا۔ حالی نے سر سید، شبلی اور غالب کی بایوگرافی سائنٹفک بنیادوں پر لکھی تو اس کا سہرا بھی بالواسطہ طور پر سر سید کے سر بندھتا ہے کہ اس طرح کے کاموں کے لئے ذہن انہوں نے ہی تیار کیا۔ سر سید نے مسلمانوں کے لئے صرف تعلیمی تحریک ہی نہیں چلائی بلکہ اردو نثر کو سادگی کا زیور بھی عطا کیا، ذہنوں کی ایسی تربیت کی کہ شعر و ادب نے بھی افادیت اور مقصدیت کے جوہر کا تاج پہن لیا۔

سر سید محض ایک نام نہیں، وہ تو ایک تحریک تھی، ایک ایسی تحریک جو آج بھی جاری ہے۔ ایک ایسی تحریک جو ذلّت و رسوائی کے داغ دھونے اور علمی کمال کو پہچاننے کے لیے تھی۔ سر سید کو صرف علی گڑھ مُسلم یونیورسٹی کے قیام کے تناظر میں دیکھنا کم نظری ہوگی۔ انہوں نے ہمارے ذہنوں میں علم کی قدر و منزلت پیدا کی، ہمیں اپنی خودی کو پہچاننے کا شعور بخشا۔ علی گڑھ مُسلم یونیورسٹی کی شاخیں اب پھلنے لگی ہیں لیکن اس سے بڑھ کر اہمیت اس بات کی ہے کہ ہم ایک بار پھر اپنے قومی تشخص کی تلاش اور باز

یافت میں سر گرداں ہیں۔ یہ درست ہے کہ اس تحریک کی قیادت اب سر سید کے ہاتھوں میں نہیں اس لئے ہم کبھی کبھی بھٹکتے بھی ہیں لیکن یہ تحریک آج بھی سر سید کے دئے ہوئے شعور سے بہرہ ور ہے۔ وہ شعور زندہ ہے تو سر سید بھی جاوداں ہیں۔ اس لئے گمان ہوتا ہے کہ سر سید احمد خاں آج بھی زندہ و جاوید ہمارے آگے آگے ایک ہیولیٰ کی طرح ہماری رہنمائی کر رہے ہیں اور ہم ان کی قیادت میں اپنی اصلاح کی کوشش میں لگے ہوئے ہیں۔ اسی کوشش کا نام تو سر سید احمد خاں ہے۔

ماخوذ: موجِ قلم - ۲۰۱۲، (بزمِ نثّار، کلکتہ کا پہلا سالانہ مجلّہ)

Sir Syed Ahmed Khan, the ever lasting Architect. Essay: Mushtaq Mushfiq.

***

۱۳

عظیم روسی قلمکار میکسم گورکی کی دلچسپ آپ بیتی

:میرا بچپن

فرخ صابری

تحریری میدان میں، میں کسی مخصوص نظریے کی پابند نہیں۔ جو سچ جانا اسے لکھنے کی کوشش کی۔ ارد گرد جو کچھ 'جبری انداز' دیکھا دل تڑپا تو اسی اذیت کو صفحۂ قرطاس کے سینے میں گھونپ دیا۔ گویا اس ناہموار و ناانصاف زندگی نے جو دیا وہ اس کے منہ پر لفظوں کی صورت دے مارا۔ اس لیے کسی سے اثر لینے کا سوال ہی نہیں اٹھتا۔ مگر کچھ لوگ تھے، جو اپنے رویوں اور اپنے لفظی جذبوں کی صورت بوند بوند میرے احساس پر برستے رہے۔ امرتا پریتم نے نہ صرف میرے اندر سسکاریاں بھریں بلکہ اس کی "رسیدی ٹکٹ" کے طفیل ٹالسٹائی، ٹیگور اور میکسم گورکی کے نام میرے نہاں خانوں میں آ بسے۔

اور پھر میکسم گورکی کا شہرہ آفاق ناول 'ماں' میرے ہاتھ لگا جس میں روسی عوام کے تہی دست طبقے کی ترجمانی ہوئی تھی۔ (اسی ترجمانی کے سبب روس میں 'ادبی انقلاب' برپا ہوا تھا) اس ناول نے میرے دل میں بسی ممتا کو ایک نیا جذبہ عطا کیا۔ اور یوں مجھے گورکی کی تحریروں کی تلاش کا روگ لاحق ہوا۔

"گورکی کی آپ بیتی - میرا بچپن" اسی متلاشی مسافت کی آبلہ پائی ہے بلکہ یوں کہیے کہ ثمر ہے۔ ویسے تو گورکی نے اپنی تحریروں سے "ادب برائے مقصد" کا فلسفہ ہی متعارف کروایا ہے۔ اس کے افسانے اور ناول سماجی جبر و افلاس کی دلدل میں دھنسے انسانوں کے عکاس ہیں۔ جن کے واقعات اور کردار اس کے اس فلسفۂ حیات کے خدوخال میں شدت پیدا کرتے ہیں کہ:

"دیکھو! میں زندگی کی 'صدائے حق' ہوں۔ میں ان ٹھکرائے اور روندے مظلوموں کی آواز ہوں جو سماج کے سب سے نچلے زینے پر پڑے ہیں۔ انہوں نے مجھے اپنا فسانۂ غم سنانے بھیجا ہے"

مگر میری ذاتی رائے ہے کہ میرا بچپن (گورکی کی آپ بیتی) اس عظیم قلمکار کی بہترین تحریر ہے۔ اس لیے روسی عوام نے اسے "قبول عام" بخشا اور پوری دنیا میں اس آپ بیتی کی دھوم مچ گئی کیونکہ یہ "دکھ بیتی" نہ تھی۔ یہ ایک آوارہ گرد مشاہدہ بین قلمکار کی ذاتی ڈائری تھی جس میں ہر سانحے کو ٹھوکر ماردی گئی تھی۔ اس میں ایک یتیم بچے کا احساس محرومی بھی ہے اور بچپن کی معصوم خواہش بھی۔ اور یہ سب کچھ بند غم یا امیدی کی طرف نہیں جاتا بلکہ یہاں زیست نئی روشن امید سے ہمکنار کرتی ہے۔ یہ ادبی کاوش آوارہ گردوں کی اس فطرت کی آئینہ دار ہے۔ گورکی نے میرا بچپن (حصہ اول) کے آخری حصے میں اپنے ادبی نکتۂ نظر پر کچھ اس انداز سے روشنی ڈالی ہے کہ: "جب روس کی اس وحشیانہ زندگی (عورتوں خصوصاً بیویوں کی مار پیٹ) کی ہیبتوں کا خیال آتا ہے تو میں اپنے آپ سے سوال کرتا ہوں۔ کہ اس کا ذکر کیوں کیا جائے؟ مگر مجھے جواب ملتا ہے یہ ذکر جائز ہے۔۔۔

کیونکہ وہ حقیقت پر مبنی ہے اور یہ غمناک حقیقت آج بھی باقی ہے۔ یہ وہ بِس پیٹر

ہے جس کی جڑ تک ہمیں پہنچنا ہے۔ اسے لوگوں کی روحوں اور ذہنوں سے نکالنا اور اپنی مکروہ و تاریک زندگی سے مٹانا ہے۔۔۔۔۔۔۔۔۔ ہماری اس عجیب و غریب زندگی میں صرف فطرت کے حیوانی پہلوؤں کو ہی فروغ نہیں ملا۔ بلکہ اس بربریت کے باوجود، تخلیقی اور تعمیری شے پروان چڑھ رہی ہے۔۔۔

ایسی انسانیت، جو ہمیں اپنی نو زندگی کا مژدہ سناتی ہے۔"

گورکی کی اس دلگداز آپ بیتی میں کسی ناول سے بھی زیادہ دلچسپی پائی جاتی ہے۔ اور مفلوک الحال روسی عوام کی جفاکش و دقت طلب زندگی کے انوکھے پل سامنے آتے ہیں۔ کیونکہ اس نے دل کے یہ چھالے لطف اٹھانے کے لیے نہیں دکھائے بلکہ اسے ایک واضع مقصد کی خاطر لکھا۔ تاکہ غربت کی پیپ سامنے آئے اور اس ناسور کا علاج ہو۔

گورکی کی تحاریر میں ناصحانہ پہلو شدت سے موجود ہوتا ہے۔ مثلاً ناول "ماں" کا آخری تہائی حصہ مخصوص نظریات اور لمبی لمبی تقریروں کی وجہ سے بڑا بھاری بھر کم بلکہ بوجھل ہو گیا ہے۔ اور یہ گورکی کا تحریری عیب ہے۔ مگر "میرا بچپن" اس ادبی عیب سے مبرا ہے۔ اس کاوش میں گورکی کا قلم نہ تو احتجاج کرتا ہے اور نہ ہی انقلاب کا پرچار کرتا ہے۔ بلکہ اس نے سیدھے سادے طریقے سے لڑکپن کے واقعات بتائے ہیں۔ اپنی اور اپنے ارد گرد کے لوگوں کی کتاب زندگی کی ورق گردانی کی ہے۔

انقلاب روس سے پہلے، اسے جلا وطن کر دیا گیا تھا۔ اس نے اطالیہ کے دور دراز جزیرے 'کاپری' میں دن گزارے اور انہی دنوں کے طفیل دنیا کا بہترین ترقی پسند ادب تخلیق ہوا۔ گورکی نے اوائل عمر کی کسمپرسی اور قلبی پھپھولے بڑی سادگی بلکہ سچائی سے پھوڑے۔ حالانکہ جزیرہ 'کاپری' میں اس کے ارد گرد بہار کی رنگینیاں تھیں۔

(یہ ہرا بھرا ٹاپو سیاحوں کی توجہ کا مرکز بنا رہتا ہے۔ نیپلس کی بندرگاہ سے کوئی

گھنٹہ بھر کی مسافت نیلے پانیوں میں تیرتے اس جنت نگاہ جزیرے تک پہنچا دیتی ہے۔ اور لوگ اس مکان کو ضرور دیکھتے ہیں جہاں جدید ادب کے اس پیامبر نے اپنے بچپن کی امر کہانی لکھ کر، پوری دنیا کو روس کی طرف متوجہ کیا تھا)۔

روس سے دور بیٹھ کر، جدائی کے درد میں بھیگے اس آوارہ گرد قلمکار کے خیالات میں مزید وسعت آئی۔ اس لیے اس آپ بیتی کے مشاہدات اور خیالات میں بڑا توازن ہے۔ نگاہ بلند ہے۔ اور جان پر سوز کی حکایتیں ہیں، روس کے اندر اس کا تحریری بیان جوش و جذبے کے ہنگامی انداز میں

سامنے آتا رہا تھا۔ مگر جزیرۂ کاپری کی نیلگوں وسعتوں اور سبزے نے اسے اس بیکراں زندگی کا احساس دلایا جسے افلاس ڈسی زندگیاں فراموش کر دیتی ہیں اور افراتفری ہی سامنے رہتی ہے۔

"میرا بچپن" کی ایک اور خوبی مجھے ورطۂ حیرت میں ڈال دیتی ہے۔ کہ گورکی کو اس دور کے کئی ورق جوں کے توں یاد ہیں۔ اس کا حافظہ غضب کا ہے۔ اور مشاہدے کی باریکی با کمال۔۔۔ اوائل عمر کے کتنے ہی ساتھی اپنی اپنی کہانی اور کردار خوبیوں خامیوں کے ساتھ، وہ ہمارے سامنے لا کھڑا کرتا ہے۔ ہم ساشا، سنکا، کوسترم اور خابی جیسے اٹھائی گیر ساتھیوں کی تصویری جھلکیاں بخوبی دیکھ سکتے ہیں۔ یہاں گورکی اپنے تعفن چھلکاتے ان دنوں کی پردہ پوشی نہیں کرتا اور نہ ہی ہمارے اردو شاعر کی طرح التجا کرتا ہے۔ کیونکہ وہ ان عذابوں سے فراریت کی راہ نہیں ڈھونڈھتا بلکہ ان کی نقاب کشائی کرکے اس زندگی کا مہیب چہرہ دکھاتا ہے، مثلاً:

"میں بھی چند پیسے کمانے لگا تھا۔ چھٹی کے دن صبح سویرے میں ٹوکرا لیے نکل جاتا۔ اور سڑکوں گلیوں میں کترن، ہڈیاں، کیلیں وغیرہ چنا کرتا۔ آدھ من لوہے، کاغذ یا کترن

کے لیے کباڑیا مجھے چونی اور آدھ من ہڈی کے لیے دوپی (دو آنے) دے دیتا۔ اسکول کے بعد شام کو بھی، میں یہ کام کرتا اور سنیچر کو ایک آدھ روپیہ کا کوڑا کباڑیے کو بیچ آتا۔ نانی یہ پیسے جھٹ اپنی گرہ میں چھپا کر میری بلائیں لیتی:

'خدا تیری عمر میں برکت دے میرے لاڈلے! اس سے آج گھر بھر کی روٹیاں نکل آئیں گی۔ تو نے بڑا کام کیا۔'

ایک روز میرے ہاتھ سے اکنی لے کر وہ چپ چاپ رونے لگی اور میں نے دیکھا کہ آنسو کا ایک میلا قطرہ، اس کی آنکھ سے ٹپک کر ناک کے نیچے ٹھہر گیا تھا۔"

"کوڑا کرکٹ بٹورنے سے زیادہ مفید مشغلہ تو ندی کنارے کے ساگوان کے گوداموں سے تختوں اور شہتیروں کی "چوری" تھی۔ یہاں جب میلا لگتا تو لوہے کی بکری کے لیے عارضی دکانیں کھڑی کی جاتیں جو بعد میں اٹھا دی جاتیں اور تختے و شہتیر گوداموں میں ڈال دیے جاتے۔ ایک مضبوط تختہ دونی میں بک جاتا تھا۔ لیکن یہ تب ہی تھا جب موسم خراب ہو۔۔۔ ہمارے گاؤں میں چوری کا شمار کسی جرم میں نہ ہوتا تھا۔ یہ ایک رسم عام بن کر رہ گئی تھی اور غریب دیہاتیوں کے لیے، اس کے سوا روٹی کھانے کا ذریعہ نہ تھا۔۔۔"

اور اپنی پرورش و پرداخت کرنے والی نانی کا وہ "میلا آنسو" پونچھنے کے لیے گورکی نے کوڑے سے رزق اور چوری سے روٹی کمانا شروع کی۔

یہ گورکی کے یخ بستہ روس اور افلاس گزیدہ گاوں کا المیہ ہی نہیں۔ یہ دردناک اذیت پوری دنیا کی رگوں سے رس رہی ہے۔

مجھے یاد ہے کہ ۲۰۰۳ میں، میں نے ایک کالم "روڑی پھرول اور عید" لکھا اور پھر ان حقائق کو افسانوی رنگ دے کر ایک افسانہ لکھا "روڑی پھرول"۔۔۔ کیونکہ گورکی کی

آنکھ کا ایک 'میلا آنسو' میں نے کسی جوڑی کے حسرت و یاس میں ڈوبے چہروں پر مچلتے محسوس کیا۔ یہ ایک 'سچا واقعہ' تھا۔ جو افسانے میں ڈھلا اور میں نے اسے شاہد بخاری (نائب مدیر ادب لطیف و سفید چھڑی) کو بھیج دیا۔

دوسرے دن تحسین و توصیف بھری ایک طویل ٹیلی فون کال موصول ہوئی، اتنی تعریف کہ مجھ جیسی بخیل قلمکار شرمسار ہوتی رہی۔ بہر حال "روڑی پھرول" میرے مستقل ڈائجسٹ "سیارہ" میں چھپنے کے علاوہ "سفید چھڑی (لاہور و سرگودھا)" میں بھی چھپا۔ پھر نکھار انٹر نیشنل اسلام آباد اور عوامی مزدور محاذ کے زیر اہتمام ماہنامہ "عوامی مشور" کے حوالے سے قارئین کے وسیع حلقے تک پہنچا۔ بعد ازاں یہ افسانہ، "یہ میرے دل پر گرنے والا آنسو" کو لکتہ کے معروف ادبی پرچے "انشاء"

کے ذریعے دنیا بھر کے ادبی قارئین تک رسائی حاصل کر چکا تھا۔ اس افسانے کے حوالے سے مجھے ڈاکٹر صفات اے علوی (بریڈ فورڈ، برطانیہ) کا ایک مقالہ شدت سے اس وقت، ان سطور میں یاد آرہا ہے۔ جو انہوں نے سال گزشتہ (۲۰۰۷) لکھا۔

"فرخ کے دس افسانے"

ان دس افسانوں میں "روڑی پھرول" بھی تھا۔ (یہاں میں اپنے غیر پنجابی قارئین کے لیے وضاحت کرتی چلوں کہ "روڑی" برصغیر کی معروف مقبول پنجابی زبان میں "کوڑے کرکٹ کی ڈھیری" کو کہا جاتا ہے۔ جبکہ "پھرول" وہ لوگ ہیں جو الٹ پلٹ کر اس میں سے اپنے مطلب کی روزی روٹی ڈھونڈتے ہیں)۔ ڈاکٹر صاحب نے مذکورہ مقالے میں یہ بتا کر حیران کر دیا کہ 'روڑیوں' کو ذریعہ روزگار جاننے والے تیسری دنیا کے باسی ہی نہیں بلکہ دنیا کے انتہائی مہذب اور ترقی یافتہ ملک برطانیہ (جس کا سورج کبھی غروب نہیں ہوتا تھا اور اس سورج کو اہل برطانیہ نے برطانیہ کو "برطانیہ عظیم" بنا ڈالنے

کے لیے 'حرص و ہوس کی سرچ لائٹ' کے طور استعمال کیا۔ جس کی روشنی میں انہوں نے تیسری دنیا اور خصوصاً بر صغیر کے 'خام مال' پر شب خون مارا۔ خود خوشحال ہو گئے، اور افلاس کی صدیوں رسیدہ سنڈیاں اس "سونے کی چڑیا" کے لیے چھوڑ گئے) میں بھی بہت بڑی تعداد ڈسٹ بنوں اور کوڑا دانوں سے اپنا رزق تلاش کرتی ہے۔ فرق صرف یہ ہے کہ انہیں 'روڑی پھرول' کی بجائے ویگرنٹ "VEGRANT" کہا جاتا ہے۔ بقول ڈاکٹر صاحب:

فرخ! یہ بات صرف تیسری دنیا میں ہی نہیں بلکہ مغرب اور بالخصوص امریکہ، برطانیہ کے خانگی کوڑے دانوں کی بھی ہے۔ یہاں پر روڑی پھرولنے کے لیے گندے جٹاواں بال لیے عورتیں اور مرد ہیں۔ اس فعل کو ویگرانسی کہتے ہیں۔ اور ویگرانٹ شاید تیسری دنیا کے غریب سے بھی زیادہ کسمپرسی میں اپنی زندگی گزار رہا ہے۔

اور اب 'گورکی کی آپ بیتی' بھی اپنے صفحات ۳۱۹-۳۱۸ پر خصوصاً اور پورے حصہ اول میں عموماً یہی افلاس راگ الاپ رہی تھی جسے اس داستان کو مختلف کردار ابھار کر سامنے لاتے ہیں۔ کردار نگاری کے ضمن میں کہا جاتا ہے کہ انہی کے افعال و اعمال اور عمل ورد عمل سے تحریریں تشکیل بھی پاتی ہیں۔ اور قارئین میں اپنا موثر حلقہ بناتے ہیں۔

" گورکی کی نانی" اس آپ بیتی میں سے میرا پسندیدہ کردار ہے۔ خود گورکی کی زندگی اور شخصیت کی تعمیر و توازن میں اسی ان پڑھ روسی خاتون کا حصہ ہے۔ اس لیے جہاں وہ اس کردار کا ذکر کرتا ہے اس کا قلم بھی ایک سرشار محبت میں بوند بوند ٹپکتا ہے۔ اس داستان حیات کے کئی ضمنی اور ذیلی کردار، ایک اسی کردار (نانی اماں) کے برگد تلے نمایاں ہوتے ہیں۔ اس حقیقت پسند اور توانا کردار کے بغیر شاید یہ داستان اتنی مشہور نہ ہوتی اور نہ ہی گورکی "گورکی" بنتا۔ ڈاکٹر اختر حسین رائے پوری نے اس سوانح نگاری

ٹائپ کی آپ بیتی کے مقدمہ میں بجا طور پر کہا ہے کہ:

"اس کتاب کے سب کردار نام بدل دیں تو 'زندۂ جاوید' ہر گلی کوچے میں چلتے پھرتے ملیں گے۔ اور نانی اماں کہانیاں سناتی، تہی دست طبقے کی عکاسی کرتی نظر آئے گی۔"

درد شناسی کا فلسفہ بھی اسی نانی نے گورکی کی رگوں میں اتارا تھا۔ جس نے اسے انسانوں اور نظاروں کے بارے میں غور کرنا سکھایا:

" دیکھو!۔۔۔ ایک ستارا گر رہا ہے۔ یعنی کوئی مظلوم روح درد میں مبتلا ہے۔۔۔ یا کوئی ماں اس دنیا کو یاد کر رہی ہے۔ اس کا مطلب یہ ہے کہ اسی گھڑی کسی نیک مرد یا عورت کا جنم ہوا ہے۔"

"ماں" یہ وہ شہرۂ آفاق ناول ہے جس کی بدولت میرا میکسم گورکی سے تعارف ہوا اور وہ مجھے روسی ادب کے حقائق کی طرف لے گیا۔ اس سوانح نگاری میں بھی ماں اور ماں کی ماں کا ذکر بڑی دلچسپی یا پھر بڑے درد کے ساتھ ملتا ہے۔

گورکی کا اصل نام الکسی پیشکوف تھا۔ وہ ۳۰ مارچ ۱۸۶۸ء میں 'نزنی نووا گورو' میں پیدا ہوا۔ اس کا شفیق باپ اس کے ایام طفلی میں ہی اسے یتیم کر گیا۔ پرورش مہربان نانی اور کڑے تیوروں والے جابر فطرت نانا نے کی۔ اور ماں دوسری شادی کر لیتی ہے۔ گویا "میرا بچپن" ایک یتیم کی کہانی ہے۔ اور یہ معصوم و تشنہ رام کہانی، بین الاقوامی ادب میں خاص مقام رکھتی ہے، جس میں گورکی مبلغ نہیں بلکہ آرٹسٹ الکسی کے مشاہدے کا اوج کمال ہے۔ اس پر اس کی یادداشت غضب کی ہے۔ وہ آوارہ گردی کے ایام میں ملنے والے ہزاروں واقفان کار کے ہر اشارے و کنائے اور جملے کو اپنے ذہن کی ڈائری میں محفوظ کر لیتا ہے۔ وہ کہتا ہے:

"میرا بچپن شہد کا ایک چھتا تھا۔ جس طرح شہد کی مکھیاں وہاں شہد لے لے کر آتی ہیں۔ سیدھے سادے اور گمنام انسان اپنے تجربے اور مشاہدے لے لے کر میرے پاس آئے اور اپنے تحفوں سے میری روح کو مالا مال کر گئے۔"

اور اس درد کے خزانے میں آخری صفحات اس ہستی سے منسوب ہیں جو اس کی ماں تھی اور جو کئی برس بعد اس کے پاس، اس کے نانا کے چھوٹے سے افلاس گزیدہ گھر میں لوٹ آئی تھی۔ مگر اس کی خوبصورتی، طنطنہ، رعب و دبدبہ اس کے سوتیلے رنڈی باز عیاش اور قلاش باپ نے نچوڑ دیا تھا۔

"وہ تقریباً بے زبان ہو گئی تھی۔ اس کی گونج دار آواز اب نجانے کہاں چلی گئی تھی۔ اپنے کونے میں، دن بھر چپ چاپ، بے حرکت پڑی ہوئی، وہ ایڑیاں رگڑ رگڑ کر بجھتی جا رہی تھی۔ مجھے معلوم تھا کہ وہ موت کے۔ قریب ہے۔"

اور پھر اپنی ماں کے ساتھ گورکی کی زندگی کا وہ آخری صفحہ:

"اس کے بعد، جب میں گھر لوٹا۔ تو اماں (خلاف معمول) سجی سنوری، کنگھی چوٹی کیے کرسی پر بیٹھی تھی۔ اور پہلے کی طرح شاندار لگ رہی تھی۔ ڈرتے ڈرتے میں نے پوچھا:

"اب آپ کی طبیعت کچھ بہتر ہے کیا؟"

مجھے گھور کر اس نے کہا: "یہاں تو آنا۔ تو اب تک کہاں تھا؟"

جواب سننے سے پہلے، اس نے میرے بال پکڑ لیے اور ایک لمبی سی کپکپاتی ہوئی چھڑی، کئی بار ہوا میں گھما کر، اس کی موٹھ سے مجھے مارا اور چھڑی اس کے ہاتھ سے چھوٹ کر زمین پر گر پڑی:

"اسے اٹھا کر مجھے دینا"------

پر کرسی سے اٹھ کر، وہ اپنے پلنگ پر جا لیٹی اور رومال سے منہ کا پسینہ پونچھنے لگی۔ اس کے ہاتھ کانپ رہے تھے۔ دو مرتبہ اس کے ہاتھ منہ کی بجائے تکیے سے جا لگے۔

"ایک گھونٹ پانی!"

جب میں کٹورے میں پانی بھر کر لایا تو بمشکل سر اٹھا کر، اس نے ذرا سا پانی پیا۔ پھر اپنے سرد ہاتھوں سے میرے ہاتھ کو ہٹا کر، اس نے ایک گہری سانس لی۔ پھر اس کونے کی طرف نظریں پھیر کر جہاں شہ نشیں (مذہبی لوازمات) تھا، اس نے مجھے ایک نظر دیکھا اور ہونٹوں کو ایسے جنبش دی گویا مسکرا رہی ہو۔۔۔

تب اس کی لمبی لمبی پلکوں نے آہستہ آہستہ آنکھوں کو ڈھانپ دیا۔

اس کی کہنیاں پسلیوں سے لگی ہوئی تھیں اور اس کے ہاتھ جن کی انگلیاں تڑپ رہی تھیں، سینے سے اٹھ کر گلے کی طرف گئے۔ اس کے چہرے پر ایک سایہ سا گزرا اور اس کی رنگت کو زردی دے کر، اعضاء میں ایک ابھار سا پیدا کر گیا۔ اس کا منہ یوں کھلا ہوا تھا گویا وہ محویت کے عالم ہو۔

لیکن اس کی سانس سنائی نہ دیتی تھی۔

معلوم نہیں میں کب تک بت بنا ہاتھ میں گلاس لیے، اپنی ماں کے پاس کھڑا رہا۔"

واقعی! انسان یونہی کھڑے کا کھڑا رہ جاتا ہے۔ اور باقی ساری عمر وہ لمحہ۔۔ ہجر کا وہ اذیت ناک لمحہ۔۔ اس سے جدا نہیں ہوتا۔ کہ بقول جگر:

سب جدا ہو جائیں لیکن غم جدا ہوتا نہیں

دائمی جدائی کا دردناک منظر۔ لمحہ بہ لمحہ خود میری روح کا درد اس وقت بنا جب میری زندگی کی سب سے دخیل، سب سے مشفق، سب سے مہربان سایہ دار ہستی مجھ سے جدا ہو رہی تھی۔ میرا باپ روح و تن کی کشمکش میری آنکھوں میں اتار کر چلا گیا۔ تب ان کا لس

لس کرتا وہ لمبی لمبی انگلیوں کی نرم پوروں والا ہاتھ، میرے ہاتھوں میں بھنچا ہوا تھا۔ دل فریاد کر رہا تھا۔

مگر جانے والے چلے جاتے ہیں
اور منظر آنکھوں میں ٹھہر جاتے ہیں

لیکن گورکی کے ساتھ کچھ اور بھی ہوا، جب اس دلخراش ابدی منظر کی چبھن کے محض چند روز بعد اس کے نانا نے کہا:

"میاں الکسی! اب میں تمہارا بار اٹھا نہیں سکتا۔ میرے گھر میں تمہارے لیے کوئی جگہ نہیں۔ دنیا میں جاؤ اور اپنی راہ تلاش کرو۔"

اور اس قہربار دن، گورکی نے ابھی عمر کے پہلے عشرے کو بھی مکمل نہیں کیا تھا۔۔۔ یہی وجہ ہے کہ یہ آپ بیتی گورکی کی بہترین تصنیف ہے۔

عظیم محقق و نقاد اطہر رضوی (کینیڈا) روسی ادب کے بارے میں بالکل بجا کہتے ہیں کہ :

روسی عوام کے لیے کسی بڑے مصنف یا شاعر کی تخلیق کی اشاعت اور تقریب اجراء کی خبر ایک غیر معمولی واقعے سے زیادہ اہمیت رکھتی ہے۔ بک سیلرز کے دروازوں پر ایسا ہجوم ہوتا ہے، اور سڑکوں پر وہ اژدہام کہ ٹریفک پولیس کا اضافہ کرنا پڑتا ہے۔

My childhood, the autobiography of Maxim Gorky. Essay: Ms. Farrukh Sabari

* * *

ادب و ثقافت پر منتخب مضامین کا ایک اور مجموعہ

اردو ادب و ثقافت : نئے رنگ

(حصہ : ۱)

مرتبہ : مکرم نیاز

بین الاقوامی ایڈیشن جلد منظر عام پر آرہا ہے